Almuth Bartl

Babys SpieleSpaß

111 Ideen, nützliche Tipps und Anregungen für die Kleinsten

Ökotopia Verlag, Münster

Die Autorin

Almuth Bartl ist Pädagogin und Autorin vieler, sehr erfolgreicher Kinderbeschäftigungsbücher, Elternratgeber und pädagogischer Fachliteratur. Bücher der Autorin wurden bereits in 30 Sprachen übersetzt. Almuth Bartl lebt mit ihrem Mann und ihren Kindern im Süden von München.

Impressum

Autorin: Almuth Bartl
Illustrationen: Kasia Sander
Lektorat: Bernhard Schön
Satz: Hain-Team, Bad Zwischenahn

© 2007 Ökotopia Verlag, Münster

2 3 4 5 6 7 8 9 • 12 11 10 09

ISBN 978-3-86702-019-0

Inhalt

1. Große Augenblicke: Allererste Babyspiele: 5

2. Schaukeln und fliegen 11

3. Ein sinnliches Vergnügen 16

4. Glück für kleine Frösche: Wasser! 25

5. Baby mobil 30

6. Alles Quatsch! 35

7. Einfach nur Sand 41

8. Erste Schritte in die Welt 45

9. Schnee von heute 51

10. Lustige Zappelspiele 55

11. Spielzeug und Spaßzeug 60

12. Weg! Versteckt! 66

13. Von morgens bis abends 72

Nichts auf der Welt ist vergleichbar mit diesem offenen, ehrlichen, zahnlosen Lachen eines Babys. Nichts geht einem mehr unter die Haut, und nichts beglückt unsere Seele so wie dieses kleine, völlig kostenlose Ereignis.

Genießen Sie diese Zeit, haben Sie gemeinsam Spaß, und erleben Sie die Welt noch einmal neu mit den Augen eines Babys.

Viele Anregungen für Babys in diesem Buch sind auch für Kleinkinder geeignet. Oft wird es so funktionieren: Dem Baby führen Sie ein Spiel vor, und es vergnügt sich zunächst beim Zuschauen; Spielpartner sind in der Regel Erwachsene. Etwas ältere Kinder werden ganz begeistert selbst spielen und den Spaß bald schon mit anderen Kindern ausprobieren.

Neben den Anregungen und Spielideen für gemeinsame Freude finden Sie auch nützliche Tipps, die Sie dabei unterstützen, eine gute Beziehung mit Ihrem Baby aufzubauen.

1. Große Augenblicke: Allererste Babyspiele

Gesichter sind für das Baby ganz wichtig. Besonders toll ist es natürlich, wenn ein Gesicht immer wieder auftaucht. Ganz instinktiv nähert man sich dem Baby bis etwa 30 cm von seinen Augen entfernt. Wenn das Gesicht dann auch noch lacht oder zwinkert, so lustige Geräusche von sich gibt und so wunderbar vertraut riecht, dann ist das ein ganz tolles Spiel und die Welt im Grunde ganz in Ordnung.

Ich geh in deinem Gesicht spazieren

Nachdem das Baby gefüttert wurde, halten Sie es noch ein Weilchen im Arm, wiegen es sanft und versuchen, einen Augenkontakt herzustellen. Wenn das dem Baby gelingt, lächeln Sie es an und sagen seinen Namen. Bewegen Sie nun Ihren Kopf ein wenig hin und her, versuchen Sie aber, den Augenkontakt aufrecht zu erhalten. Nehmen Sie nun ein Babyhändchen und streicheln Sie damit über Ihre Wangen, über die Nase, den Mund ... Sprechen Sie dabei mit Ihrem Kleinen!

Jede findet ihren Weg

Verwandte und Freunde, Nachbarn und Arbeitskollegen sind immer schnell bei der Hand, »gute Ratschläge« zur Kindererziehung zu geben.

Lassen Sie sich nicht bluffen! Schilderungen, dass das Baby der Kusine schon von Geburt an selbstverständlich die ganze Nacht durchschläft, bereits im zarten Alter von sechs Monaten freiwillig zum Töpfchen robbte und das ältere Geschwisterchen nichts auf der Welt lieber tut als Unkraut zu jäten: alles Quatsch! Auch wenn es Tage gibt, an denen viel schief läuft und einem die eigenen Kinder wie Monster erscheinen: kein Grund zur Panik – das gibt es (Ehrenwort!) überall. Jeder findet seinen Weg. Was gut für Sie und Ihr Baby ist, was sich in der Familie als geeignet erwiesen hat, das ist auch okay, ganz egal, was Tante Berta meint.

Bewegte Dinge

Ein kleiner, möglichst einfarbiger Gegenstand, vielleicht ein Teddy oder auch ein ganz gewöhnlicher Waschlappen, wird vor dem Babygesicht langsam von rechts nach links und wieder zurück bewegt, so dass das Kind mit den Augen mitwandern kann. Später wird es dabei seinen Kopf bewegen. Was so einfach klingt, ist für das Baby ein aufregendes und sehr unterhaltsames Erlebnis.

Da kommt die Maus

»Da kommt die Maus ...« ist ein überlieferter Vers, mit dem man Babys zum Lachen bringen kann. Als »Maus« dient Mamis Hand. Sie fängt am Beinchen an, aufwärts zu krabbeln mit den Worten: *»Da kommt die Maus die Treppe rauf.«* Jetzt soll die »Maus« am Ohr angekommen ein. Dort zieht sie sanft am Ohrläppchen und sagt *»Klingelingeling«*, krabbelt weiter bis zur Stirn, sagt (und tut es) *»klopft an«*, krabbelt weiter bis zur Nase, stupst sie und sagt: *»Hallo, kleiner Mann«* oder die weibliche Form: *»Hallo, Madame«*.

Glitzer-Spaß

Babys lieben den Anblick aufregender Gegenstände. Eine glitzernde Christbaumkugel, die außer Reichweite des Kindes über seinem Bettchen hängt, ist ein toller Anblick für das Baby. Und weil jetzt gerade sowieso im Weihnachtsschmuck gekramt wird, finden sich da bestimmt noch jede Menge weitere interessante Glitzerdinge, die immer wieder mal für neue Faszination sorgen.

Musik liegt in der Luft

Lassen Sie das Baby oft Musik hören. Besonders wirksam ist es, wenn die Mama während der Schwangerschaft diese Musik öfters gehört hat und das Baby die Musik »kennt«. Mozart und Vivaldi sind erprobte »Hits« für Babys!
Singen ist bei Babys sehr beliebt, egal was, wie und wer es tut. Die Stimme, der Unterschied zwischen laut und leise, zwischen schnell und langsam, hoch und tief macht das Erlebnis so interessant.

Mein besonderes Beruhigungslied

Suchen Sie für das Baby ein besonderes Beruhigungslied, das Ihnen selber auch gut gefällt und eine beruhigende Wirkung auf Sie hat. Genauso wird es auf das Baby wirken. Singen Sie das Lied immer wieder vor dem Einschlafen! Die Wirkung des Liedes kann Ihnen in schwierigen Situationen (Impfung und dergleichen) helfen, das Baby wieder »ins Lot« zu bringen.

Die Strampelschnur

Über das Bettchen, dort wo die Füße liegen, wird eine Schnur gespannt. An die Schnur hängt man verschiedene Gegenstände, gegen die das Baby strampeln kann: eine stabile Rassel, einen Schlüsselbund, weil der so schön klappert, eine Plastikflasche mit rasselndem Inhalt, eine Kette mit dicken, bunten Holzperlen, ein Glöckchen ...

Das Rettungstuch

Ein Papiertaschentuch kann manchmal zum Rettungstuch werden, wenn das Baby gerade mal nicht so guter Laune ist. Zuerst braucht man, trotz allem Unmut, Babys Aufmerksamkeit. Dann wirft man das Papiertuch hoch in die Luft und schaut zu, wie es zu Boden segelt. Eine einfache, aber wirksame Ablenkung.

Suchen Sie sich eine Vertrauensperson

Wenn das erste Kind auf die Welt gekommen ist, prasselt so viel Neues auf die unerfahrenen Eltern ein, dass es tatsächlich öfter mal Situationen gibt, in denen sie sich gerne einen Rat holen würden. Ganz egal, welches Problem vorliegt: Wer 20 verschiedene Personen befragt, bekommt 20 verschiedene Antworten. Das verwirrt komplett, vor allem, weil ich ja eigentlich einen schnell wirksamen Rat (das Baby schreit) möchte und keine Zeit habe, die Ratschläge zu filtern oder in Ruhe zu überdenken. Die Konfusion macht einen noch unsicherer. Die Unsicherheit überträgt sich sofort auf das (immer noch schreiende) Baby, und die Situation wird immer schlimmer. Darum hier der ultimative Rat: Suchen Sie in Ihrem Umkreis eine Person heraus, die Ihr Vertrauen genießt, der Sie ohne Wenn und Aber Ihr Kind anvertrauen würden, und fragen Sie nur diese Person um Rat.

Erste Mobiles fürs Baby

Ein Kleiderbügel wird mit einem Stück Schnur in Sichtweite des Babys aufgehängt. Mit bunten Bändchen werden dann bunte, glitzernde Gegenstände, an den Bügel gehängt. Es eignen sich z. B. ein Schlüsselbund, ein kleiner Schneebesen, ein kleiner Spiegel, große, farbige Knöpfe ...
Wer das Mobile noch besonders attraktiv gestalten will, kann den Kleiderbügel noch zusätzlich mit Luftschlangen oder bunten Geschenkbändern dekorieren. Überprüfen Sie die Mobiles von Zeit zu Zeit, damit sich nicht ein Gegenstand gelockert hat und demnächst ins Kinderbettchen fällt, wo er für das Baby eine Gefahr darstellen könnte!

Ein Blick in den Spiegel

Kind und Erwachsener sitzen einander gegenüber auf dem Boden. Zuerst ist das Kind der Spiegel. Hebt der Erwachsene seine Hand, tut es das selbstverständlich ebenfalls. Kneift der Erwachsene ein Auge zu, sieht er die gleiche Bewegung im Spiegel. Ganz langsam führt der Erwachsene einfache Bewegungen durch, die das kleine Spiegelbild nachahmen kann. Dann werden die Rollen getauscht, und das Kind macht die ulkigsten Bewegungen vor.

Beteiligen Sie die Geschwister

Großen Geschwistern hilft es, wenn sie in das Geschehen um das Baby so oft wie möglich mit einbezogen werden. Das beginnt schon beim Einkaufen von Strampelhosen: »Welche wird unserem Baby besser gefallen?« Fachlicher Rat ist auch bei der Auswahl der ersten Spielsachen gefragt: »Welche Rassel rasselt besser?« Natürlich wird der oder die »Große« auch die gesammelte Palette der Babynahrung durchprobieren, um den tollsten Geschmack fürs Baby auszuwählen.

Fußmassage

Eine kleine Fußmassage, bei der jeder winzige Zeh freundlich begrüßt und gerubbelt wird, macht Spaß, entspannt und hilft dem Baby zu erkennen, was da so alles zu seinem Körper gehört.

Das Windrädchen

Mehrere große Windrädchen werden draußen, z. B. am Gartenzaun, so befestigt, dass sie sich im Wind drehen. Mit dem Baby auf dem Arm beobachten Sie das aufregende Schauspiel vom Kinderzimmerfenster aus.

Ein Lächeln bekommen Sie zurück

Lächeln Sie viel, oft und ganz bewusst das Baby an. Das Lächeln löst bei ihm das Gefühl aus, akzeptiert zu sein, geliebt zu werden und einen ganz besonderen Stellenwert im Leben der anderen Person einzunehmen. Es dauert auch gar nicht lang, da lächelt das Baby zurück und löst beim Erwachsenen die gleichen Gefühle aus.

Baby-Wellness

Babys lieben Entspannungsmassagen. Wichtig sind Ruhe, warme Hände und viel Geduld. Die Massage wirkt entspannend für das Baby und genauso für den »Masseur«.
Was Babys auch noch toll finden:

- Mit dem Bauch auf den Knien des Erwachsenen liegen, wenn dabei der Rücken gestreichelt wird.
- Auf dem Bauch liegen und sanft den Po massiert bekommen.

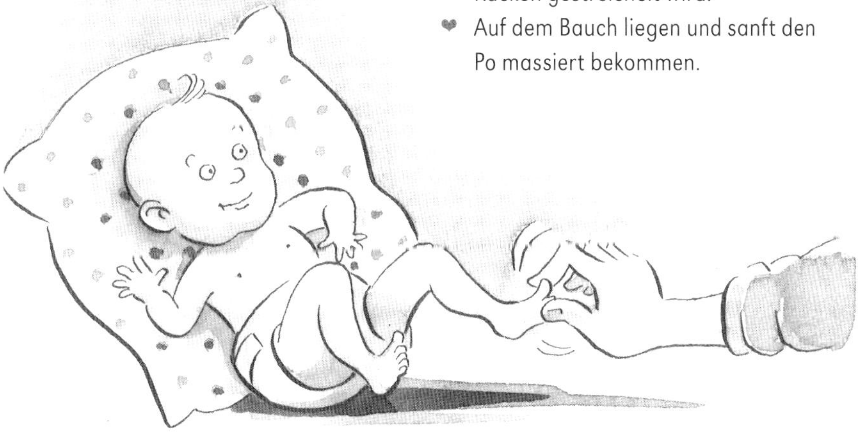

Tanzen

Schon mit einem Neugeborenen im Arm können Sie sich wunderbar zu sanfter Musik bewegen. Später kann der Tanz dann wilder und abenteuerlicher werden. Besonders lustig für Babys, die schon stehen können, ist der »Doppelmensch-Tanz«. Das Kind stellt sich auf Mamas oder Papas Füße, und schon drehen sich die beiden zur Tanzmusik. Aber gut festhalten!

Die Große wird zum zweiten Baby

Anstrengend ist das schon, wenn nicht nur das Neugeborene zu versorgen ist, sondern auch die »Große« plötzlich wieder zum Baby geworden ist. Aber keine Sorge, das vergeht ziemlich schnell. Spielen Sie mit! Füllen Sie zwei Fläschchen mit Milch, lassen Sie das große Kind mit dem Schnuller durch die Wohnung krabbeln usw. Das Spiel ist meist dann rasch zu Ende, wenn Sie darauf beharren, dass das »zweite Baby« ebenfalls Mittagsschlaf machen muss und für Gummibärchen noch viel zu klein ist.

Ballspielen

Schon Krabbelbabys spielen gerne mit Bällen. Am leichtesten geht das Ball-Kullern. Das Baby sitzt auf dem Boden mit ausgestreckten, gespreizten Beinen dem Erwachsenen gegenüber. Zwischen diesen Beingrenzen wird nun ein kleiner Ball hin und her gekullert.

Ich sehe was, das du auch siehst …

Mit dem Kind auf dem Arm betrachtet der Papa ein Gemälde ganz genau. Er spricht über die Figuren, die Farben und Formen. Nach einer Weile kann das Spiel beginnen: »Ich sehe etwas, das ist rot und rund …« Das Kind »antwortet«, indem es auf den passenden Gegenstand zeigt. Wählen Sie Bilder mit klar erkennbaren Farben und Formen aus!

Das Sekundenspiel

Die einfachste Art, ein Baby zum Lächeln zu bringen: Blasen Sie ganz sanft gegen seine Nase!

Der Babyflüsterer

Flüstern Sie mit dem Baby. Erzählen Sie ihm eine Geschichte, notfalls auch, wie man Spaghetti kocht. Halten Sie das Baby dabei fest im Arm, flüstern Sie liebevoll und immer noch ein bisschen leiser …

2. Schaukeln und fliegen

Überall in der Welt nehmen Mütter und Väter ihre Babys hoch, wenn sie weinen, gehen mit ihnen hin und her und schaukeln sie in ihren Armen. Das geschieht ganz ohne Nachdenken und ist ganz oft von Erfolg gekrönt: Das Kleine beruhigt sich – hat es doch bereits vor langer Zeit im Mutterleib die rhythmischen Kontraktionen der Gebärmutter genossen. Der Herzschlag von Mama, wenn das Baby sich an die Brust schmiegt, tut ein Übriges. Und ganz nebenbei entwickelt das Baby sein Gefühl für Rhythmus weiter, den es wiederum beim Erlernen der Sprache braucht.

Schaukelspaß

Für Ihr Baby können Sie ein Körbchen mit Seilen an einen Baum im Garten hängen. Das ist zugleich ein idealer Schlafplatz an der frischen Luft. Wer keinen Garten hat, nimmt das Körbchen mit in den Stadtpark. Auch eine Hängematte leistet gute Dienste. Das Körbchen oder den Aufsatz vom Kinderwagen auf die Hängematte stellen, die beiden Enden der Hängematte miteinander verknoten und dann an einen Ast hängen. Die Hängematte schließt sich wie ein Netz um das Körbchen, das so gesichert schaukelt. Für den Balkon brauchen Sie einen stabilen Haken an der Decke.

Aufregend wird es natürlich, wenn größere Kinder zu Besuch sind und zeigen, wie wild sie schon schaukeln können. Was Erwachsene schon beim Zuschauen in Angst versetzt, scheint den Kleinen ganz besonders gut zu gefallen. Bleiben Sie aber auf jeden Fall dabei! Die Stimmung des Babys kann auch schnell umschlagen, und die Größeren vergessen vielleicht vor lauter Spaß an der Freud, auf die Kleineren zu achten.

Engelein flieg

Das Baby geht in der Mitte zwischen zwei Erwachsenen. Die greifen je ein Babyhändchen und sprechen gemeinsam: »En-ge-lein, En-ge-lein – fliiiieeeeg!« Bei »flieg« heben sie das Baby gemeinsam hoch und schwingen es nach vorne. Besonders beim ersten Mal darauf achten, dass das Baby an Ihnen und an Ihrem Lachen merkt: Es droht keine Gefahr. Die Reaktion des Kindes genau beobachten und dieses nie zu lange »fliegen« lassen.

Den Stress wegschaukeln

In vielen »Babyzimmern« befindet sich ein Schaukelstuhl und das aus gutem Grund. In den Armen einer geliebten Person lässt sich so der ganze Stress des turbulenten Alltags einfach wegschaukeln. Aber auch der Erwachsene findet Ruhe und Entspannung beim Schaukeln, und das wirkt sich natürlich wieder direkt auf das Baby aus.

Kinderschaukel

Sie setzen sich mit ausgestreckten Beinen auf den Boden. Das Kind sitzt Ihnen gegenüber, mit seinen Beinen innerhalb der großen Beine. Sie fassen beide Hände des Kindes und lehnen sich etwas zurück. Das Kind folgt dieser Bewegung, lehnt sich also nach vorne. Dann lehnen Sie sich nach vorne – das Kind muss sich nach hinten lehnen. So geht das Schaukeln hin und her. Wer Spaß daran hat, kann die Schaukel immer schneller werden lassen. Dieses Spielchen ist sehr gut für die Bauchmuskeln, und zwar bei Klein und Groß.

Reime als Begleitung

Es gibt viele schöne Reime zum Schaukeln und Fliegen, die Sie dem Kind vortragen können. Wie wäre es z. B. mit diesem:

Die Schaukel
Wie schön sich zu wiegen,
Die Luft zu durchfliegen
Am blühenden Baum!
Bald vorwärts vorüber,
Bald rückwärts hinüber, –
Es ist wie ein Traum!

Heinrich Seidel (1842–1906)

Segelflieger

Der Erwachsene liegt mit dem Rücken auf dem Boden. Er hält das Baby an den Ärmchen fest. Das Kind liegt mit dem Bauch auf den Fußsohlen des Erwachsenen. So segelt es auf und nieder, hin und her. Dann winkelt der Erwachsene die Beine an, so dass das Kind auf den Unterschenkeln liegt. Plötzlich öffnen sich die Beine, das Kind gleitet zur Landung hinunter auf den Bauch des Erwachsenen. Dieses Spiel fördert den Gleichgewichtssinn und macht großen Spaß.

Wiegen und schaukeln regt an und beruhigt

Das Wiegen und Schaukeln macht einem Baby nicht nur Spaß, es regt auch seine Gehirntätigkeit an. Außerdem beruhigt das Schaukeln und sorgt dafür, dass ein überreiztes Kind schnell wieder in Einklang mit seiner Welt kommt. Auch größere Kinder und sogar Erwachsene beruhigen sich schnell, wenn sie in den Arm genommen und sanft geschaukelt werden.

Beine durch die Beine

Der Erwachsene greift das Kind unter den Armen, hebt es hoch und lässt dann die Kinderbeine nach unten durch sein »Beinetor« schwingen. Vor und zurück und natürlich immer höher und wilder wird geschaukelt. Was für ein Vergnügen! Ganz nebenbei wirkt sich diese Bwegung auch positiv auf die Beinmuskulatur des Erwachsenen aus.

Durch die Luft fliegen

Dieses Spiel machen erfahrungsgemäß eher die Väter mit ihren Kindern: Sie nehmen das Baby unter den Achseln, heben es nach oben und beginnen zunächst mit einer kurzen und nicht zu hohen »Luftfahrt«. Wenn das Kleine merkt, dass es sofort wieder sicher in Papas Armen landet, wird es auch höhere »Flüge« mit begeistertem Juchzen genießen.

Eher Angst oder eher Lust?

Mütter mögen gar nicht hinschauen, wenn ihr Baby mit dem großen Bruder wild schaukelt oder vom Papa beim Fliegerspiel in die Luft geworfen wird. Und haben sie nicht Recht mit ihren Bedenken, wenn sie das Kleine schreien hören? Ist das nun eher Angst oder eher Lust? Wohl beides: Denn das Kind könnte Angst haben, wenn es so wild bewegt wird, dafür sind aber Freude und Erleichterung umso größer, wenn es wieder sicher am Boden oder in den Armen der Eltern angekommen ist.

Wilde Karussellfahrt

Der Erwachsene fasst mit seinen Armen unter den Achseln des Kindes hindurch und umfasst mit seiner rechten Hand sein eigenes linkes Handgelenk. Schon saust das Karussell los, dreht sich schneller und schneller. Der Erwachsene hebt und senkt leicht seine Arme, so dass der mutige Karussellfahrer einmal nach oben und einmal nach unten saust, bis das Karussell dann sanft abbremst und das Kind wieder Boden unter seine Füße bekommt. Vorsicht! Nach so einer Fahrt könnte dem Karussellfahrer etwas schwindelig sein.

Schaukeltuch

Das Baby wird auf eine Decke gelegt. Zwei Erwachsene fassen die Decke an den Ecken, heben sie an und halten sie straff gespannt zwischen sich. So wird das Baby sanft hin und her geschaukelt. Manch »überdrehtes« Babys, das keinen Schlaf findet, lässt sich dadurch beruhigen und sanft in den Schlaf schaukeln.

Auf dem Lastauto

Ganz besonders spannend wird eine schaukelige Fahrt mit einem Lastauto. Dazu kniet sich der Erwachsene oder auch mal der große Bruder oder die große Schwester auf den Boden, das Kind wird auf den Rücken geladen, der Motor gestartet, und schon setzt sich das beladene Fahrzeug in Bewegung. Die kleinen Lastwagenfahrer haben riesigen Spaß an diesen Spazierfahrten, besonders wenn sie durch entsprechende Lenkung das Fahrzeug selbst in die gewünschte Richtung steuern dürfen.

Und wie funktioniert die Lenkung? Ganz einfach: Leichtes Ziehen am linken Ohrläppchen des »Lastwagens« lenkt ihn

Das Baby genießt die kleine Stille

Nicht alle Vergnügen dieser Welt kommen laut und wild daher. Es gibt Momente, da liegt das Baby in seinem Bett und spielt mit seinen winzigen Zehen, oder es starrt auf sein Kopfkissen. Kein Grund zur Sorge. Das Baby genießt die Stille und braucht diese Pausen sogar, um die vielen neuen Eindrücke zu verarbeiten. In der Ruhe liegt die Kraft!

nach links, leichtes Ziehen am rechten Ohrläppchen, und der Brummi biegt nach rechts ab.

Achtung: Das Baby während der »Fahrt« an beiden Ärmchen gut festhalten!

Die Besenschaukel

Der Papa hält die Stange eines Besens quer zum Kind. Das Kind greift mit beiden Händen nach der Stange. Ganz behutsam hebt er jetzt die Besenstange an, so dass das Kind zuerst auf den Zehen steht und dann den Bodenkontakt verliert und ein paar Zentimeter über dem Boden an der Stange schaukelt. Mama sitzt hinter dem Baby und fängt es auf, sobald es die Stange loslässt. Zusätzlich sollte unter dem Baby ein großes, weiches Kissen liegen. Stärker gewordene Babys dürfen sogar ein bisschen an dem Besenstiel schaukeln. Diese Turnübung stärkt die Hand-, Arm- und Rückenmuskeln.

Doppel-Kullern

Mami oder Papi liegen mit dem Rücken auf dem Boden. Das Baby liegt auf dem Bauch des Erwachsenen. Nun wird das Baby umarmt, und Sie schaukeln einmal sanft auf die linke Seite, danach auf die rechte. So geht es eine Weile hin und her, immer etwas wilder, bis Sie ganz auf eine Seite rollen. Halten Sie das Baby dabei stets fest. Damit es keinen Druck verspürt, stützen Sie sich beim Rollen auf dem Ellbogen ab.

3.
Ein sinnliches Vergnügen

Hoher Sinn liegt oft / In kind'schem Spiel« (Schiller). Und es gibt für alle Altersgruppen nichts Schöneres, als mit allen Sinnen zu genießen. Weil wir Erwachsenen uns da schwerer tun, können wir vom Baby und seiner unmittelbaren sinnlichen Vergnügen viel lernen

Ich seh da was!

Babys können schon hell und dunkel unterscheiden. Aus dem dunklen Kinderzimmer ins beleuchtete Wohnzimmer getragen zu werden, stellt für ein Baby ein tolles Erlebnis dar. Die ersten Farben, die Babys unterscheiden können, sind weiß, schwarz und rot. Je kräftiger die Kontraste, umso aufregender für das Baby. Ganz kleine Babys mögen Schwarzweißbilder mit einfachen Formen.

Das Fenster zur Welt

Auf dem Arm des Erwachsenen, bei dem sich das Baby sicher fühlt, schaut es gerne aus dem Fenster. Die verschiedenen Farben, Schatten und Geräusche stimulieren das Sehen und die Fähigkeit, Geräusche zu lokalisieren.

Tücher im Wind

Bunte oder einfarbige Tücher, die sich auch noch bewegen: Was für ein Spaß für das Baby! Die Tücher an eine Vorhangstange hangen, so dass sie sich leicht im Luftzug bewegen. Prima geeignet ist auch ein Tischventilator. Der wird so aufgestellt, dass sich die Tücher im Luftzug bewegen. Das Ganze sollte dabei aber nicht zu hektisch sein, damit das Baby nicht überstimuliert und dadurch gereizt wird.

Schaffen Sie eine Umgebung voller Sinneseindrücke

Um den Sinn von Dingen und Handlungen zu verstehen, lernt ein Baby von Beginn an mit all seinen Sinnen. Es beobachtet, lauscht, schmeckt, riecht und tastet alles ab, was in sein Umfeld gerät. Ein interessantes Umfeld, das alle Sinne anspricht, ohne das Baby dabei zu überfordern, fördert seine Intelligenz und sein Wohlbefinden.

Wer kitzelt mich?

Jedes Familienmitglied sucht sich einen Kitzelgegenstand. Dazu eignen sich: Rasierpinsel, Feder, Grashalm, Blümchen, Pelzstück und vieles mehr. Wenn es mit einem ausgewählten Gegenstand am Hals, hinterm Ohr, in den Kniekehlen oder auf der Wange gekitzelt wird, kneift das Baby vor Wonne die Augen zu und gluckst und quiekt womöglich vor sich hin.

Eine sinnliche Erfahrung: Alles kitzelt, aber alles kitzelt irgendwie anders. Mit Kleinkindern kann man auf diese Weise sogar ein Ratespiel veranstalten: Das Kind passt gut auf, wie es gekitzelt hat, um herauszubekommen, wer da gekitzelt hat.

Eine Wand zum Fühlen

Aus einem großen Verpackungskarton eine Kartonseite ausschneiden und in Greifhöhe des Kindes an einer Wand des Spielzimmers befestigen. Auf die Pappwand verschiedene Dinge kleben, die sich unterschiedlich anfühlen, z. B.:

- Ein Restchen Samtstoff oder Frottee
- Wellpappe
- Ein Stückchen Wachstuch
- Pelz
- Leder
- Feines Sandpapier
- Alufolie, glatt oder geknüllt
- Ein dünnes, geschliffenes Holzbrettchen
- Schaumgummi

Mit dem Erwachsenen zusammen macht das Kind die ersten Tastversuche. Er sagt dazu etwa: »Dieser Stoff ist weich und kuschelig. Das Holz ist hart und glatt.«
Anfangs sollten Sie erst selbst den Gegenstand betasten, dazu sprechen und anschließend die Babyhand zum Gegenstand führen.

Der »Schnupperpulli« kommt überall mit

Ein Pulli, ein T-Shirt, ein Tuch, das so wunderbar nach Mama oder Papa riecht, ist ein guter Begleiter in die »Ferne«, ganz egal, ob es sich dabei um einen Nachmittag bei der geliebten Oma handelt oder um einen Besuch in der Krabbelgruppe.
Viele Kinder schlafen auch besser ein, wenn sie den vertrauten Stoff in Riechweite haben. Natürlich sollten Sie das gute Stück möglichst selten waschen bzw. einen gleichartig duften Ersatz bereit halten.

Erde + Wasser = Matsch

Was für ein herrliches Gefühl, wenn sich Finger und Zehen in den weichen Matsch wühlen! In Sachen »Matsch« scheiden sich leider oft die Geister, dabei ist dieses glitschige Element für Babys ein Paradies. Und die Füße oder das ganze Kind sind doch unter der Dusche wirklich schnell gesäubert!

Der Quetschbeutel

Kleine Plastikbeutel mit einem Reißverschluss werden durch besondere Füllungen zu Quetschbeuteln. Solche Füllstoffe sind z. B.:

- Rasierschaum
- weicher Salzteig
- Schnee
- Matsch aus Sand und Wasser
- Matsch aus Speisestärke und Wasser

So ein Quetschbeutel tut besonders gute Dienste bei angestauten Aggressionen.
Das Erlebnis wird noch getoppt, wenn der Inhalt mit ein paar Tropfen Lebensmittelfarbe bunt eingefärbt wird.

Ein Gruß mit Hand und Fuß

Wie schnell ein kleines Kind wächst, kann eindrucksvoll mit Hand- und Fußabdrücken dokumentiert werden! Die Abdrücke machen Sie am besten mit Wasserfarbe. Aber auch Fotokopien von Händen und Füßen sind eine lustige Sache.
Seien Sie großzügig mit diesen Bildern! Großeltern, Tanten und Freunde der Familie freuen sich sehr, wenn so ein ausgefallener Gruß des jüngsten Familienmitglieds im Briefkasten liegt.

Nehmen Sie sich alle Zeit der Welt

Von amerikanischen Actionfilmen kennen wir das nur zu gut: Kaum ist was passiert und kaum hat man es erkannt, kommt schon die nächste und die übernächste Einstellung, begleitet von unzähligen, verschiedenen Geräuschen. Genau so empfindet das Baby das Geschehen in »Echtzeit«: Da ist der Ball. Aber schon ist er wieder weg. Hier das Fläschchen, nein, doch kein Fläschchen. Ah, der Schnuller! War das der Schnuller?
Also, im Umgang mit Babys immer mal wieder ganz bewusst »Zeitlupe« einschalten und ganz, ganz langsam handeln, langsam sprechen, den Gegenstand nicht sofort wieder weglegen, sondern lange genug anbieten ... Babys brauchen Zeit!

Vergnügen aus der Cremetube

Eincremen macht Babys meistens großen Spaß, besonders wenn sie selbst mit der glitschigen Substanz spielen dürfen. Bei warmem Sommerwetter, wenn sowieso die Sonnencreme benutzt wird, darf das Baby ein Muster auf Mamis Bauch malen. Aber auch die Mami darf malen. Der Bauchnabel eignet sich bestens als Nase, dazu kommen zwei dicke Cremeaugen usw. Natürlich muss sich das Baby dann auch im Spiegel betrachten können. Besonders Kinder, die von sich aus wenig Zärtlichkeit zeigen, haben durch das Eincremen die Möglichkeit, diesen sinnlichen Genuss selbst zu steuern und so lange auszudehnen, wie sie es selbst genießen. Denken Sie also daran, dass Sie sich für diese Aktivität möglichst viel Zeit nehmen.

Spaß für Babyfüße

Wenn das Kind schon an der Hand der Eltern laufen kann, ist die Zeit für dieses sinnliche Vergnügen gekommen. Je nach Jahreszeit bieten Sie den kleinen Barfüßern verschiedenen Untergrund an:
Sand oder Laub sind z. B. toll geeignet, aber auch regennasses Gras, trockenes Heu und eine aufgeblasene Luftmatratze vermitteln den kleinen Füßen spannende Erlebnisse.
Im Haus erlebt das Baby den Unterschied von kalten Kacheln, warmem Holzfußboden, wolligem Teppich und flauschiger Badezimmermatte.

Handschuhsuppe

In einem Korb wird die köstliche Handschuhsuppe serviert. Etwa drei in Farbe, Größe und Material verschiedene Paare liegen kunterbunt durcheinander im Handschuhsuppenschüsselkorb.
Die Kleinen machen sich gleich daran, immer zwei zusammengehörende Handschuhe zu finden. Ältere Geschwister haben es schwerer: Für sie liegen natürlich mehr Handschuhe im Korb, und zusätzlich werden ihnen die Augen verbunden, bevor sie sich ans Handschuhtasten und Zusammensuchen der Paare machen können.

Das Zauberknopf-Theater

Ein großer, runder Knopf wird in einem frisch eingeschenkten Glas Mineralwasser mit Kohlensäure versenkt. Der Knopf sinkt sofort auf den Grund des Glases. Und was passiert dann?
Auf der Oberfläche des Knopfes sammeln sich unzählige kleine Luftbläschen. Der Knopf scheint leichter zu werden, bewegt sich plötzlich und schwebt zur Wasseroberfläche hinauf. Die Bläschen auf dem Knopf platzen, und der Knopf sinkt wieder auf den Boden des Glases. Ein Schauspiel, bei dem es den kleinen Zuschauern nicht so schnell langweilig wird!
Das Glas außerhalb der Reichweite des Babys aufstellen und von hinten mit einer Taschenlampe beleuchten.

Bei Kummer: Telefonnummer

Babys hören ganz fasziniert den Stimmen aus dem Telefon zu, besonders wenn da eine Person am anderen Ende spricht, die ihnen gut bekannt ist. So ein »Telefongespräch« lenkt ein Baby auch prima von einem kleinen Kummer ab und zaubert ganz schnell wieder ein Lachen in sein Gesicht.
Dass es die Stimme ganz konkret mit der geliebten Person verbindet, merken Mama oder Papa daran, dass ihr Kind zum Abschluss des Gespräches den Hörer womöglich streichelt oder ihm sogar einen Kuss gibt ...

Lauter Babys!

Babys lieben Babys und haben Spaß an der Lektüre diverser Elternzeitschriften, in denen Bilder von anderen Babys zu sehen sind. Babybilder (auch die aus den zahlreichen Werbeprospekten) ausschneiden und mit Kreppband in Augenhöhe des Kindes an die Wand oder Möbel heften.

Kleine Kopfmassage

Mit den Fingerkuppen den Babykopf massieren, tut dem Kind gut, und es muss dabei lachen.
Größere Kinder müssen bei der Kopfmassage raten, mit wie vielen Fingern da gerade massiert wird. Das ist gar nicht so einfach!

Krabbelsack

Als Krabbelsack eignet sich eine Papiertüte oder noch besser ein Turnbeutel. Wer beides nicht hat, nimmt ersatzweise einen kleinen Kissenbezug. Im Krabbelsack steckt ein beliebiger Gegenstand, den das Kind gut kennt und den es schon benennen kann: der Teddy z. B. oder ein kleines Auto, ein ganz bestimmtes Püppchen mit dem Namen »Olfi« ... Das Kind greift mit der Hand in den Sack und befühlt den Gegenstand genau. Dann wird es spannend: Was ist wohl im Sack? Das Kind sagt, um welches Ding es sich handelt. Nun darf es den Gegenstand aus dem Krabbelsack herausziehen, um nachzusehen, ob es Recht hatte.

Das Farbenfernrohr

Die Papprolle aus dem Inneren von Toilettenpapier oder einer Küchenrolle wird auf einer Seite mit einem Stück farbigem Zellophanpapier verschlossen. Das Kind schaut vom offenen Ende durch das Farbfernrohr und staunt über den Anblick der bunt gefärbten Dinge rundherum. Heute sieht vielleicht alles blau aus, morgen rot, übermorgen orange ... eine tolle, bunte Welt!

Das Sprachrohr

Durch eine Papprolle kann das Baby nicht nur durchschauen, es kann auch durchsprechen, und weil das ganz besonders komisch klingt, brabbelt das Baby immer wieder neue Töne durch sein Sprachrohr. Klar, dass die Eltern und die Geschwister dann auch mal durchsprechen oder durchflüstern und so immer wieder neue Töne dem Papprohr entweichen.

Puddingtaschen

Zwei kleine, sehr gut verschließbare Plastiktüten werden mit etwas Pudding gefüllt. In einen Beutel wird kalter Pudding eingefüllt, in den anderen warmer. Das Baby kann mit den Glibberbeuteln spielen, sie an seine Wangen halten und erkennen: Der ist warm und der ist kalt.

Die Schnuppertour

Eine Schnuppertour auf Papas Arm ist eine tolle, abenteuerliche Erfahrung für das Baby. Im Badezimmer schnuppert es ein bisschen an der Seife und am Shampoo, im Kinderzimmer der großen Geschwister erkennt es den Duft von Kaugummi und Knetmasse, in der Küche steckt es seine Nase in den Topf mit Zimtzucker, riecht an einer Banane oder auch mal an einer deftigen Scheibe gebratenem Speck. Jedes Zimmer hat seine Schnuppergeheimnisse, und bei der nächsten Tour finden wir wieder ganz neue Düfte, die den Geruchssinn des Babys anregen.

Das »Ma-ma«-»Ba-ba«-Spiel

Das Baby liegt friedlich in seinem Bettchen und brabbelt vor sich: »Da, Gü, Mo, Di-di, Gu ...« Zufällig (und wirklich zufällig) kommen nach einigen hundert Silben die beiden gleichen: »Ma-ma« zusammen. Und was passiert jetzt? Mama eilt ans Bettchen, reißt ihren Liebling in die Arme, küsst das Kind ab und surrt voller Bewunderung: »›Mama‹ hast du gesagt. Ja, hier bin ich, deine Mama!« Das erstaunte Kind mag denken: Was hab ich da Tolles getan? Lag es an den Lauten? Also, gleich nochmal: »Gu-gü?« Nichts passiert. »Mi-Ba?« Wieder nichts. Aber bei »Ma-ma« klappt der Spaß. So funktioniert's auch bei »Ba-ba« ...

Hier ist das Positive, liebe Eltern!

Merke: Positive Verstärkung ist das beste und am schnellsten greifende Erziehungsmittel. Und natürlich wirkt es auch, wenn es – wie beim »Ma-ma«-Ba-ba«-Spiel – ganz unbewusst eingesetzt wird.

Der Tastkoffer

Ein Puppenkoffer oder eine Schuhschachtel randvoll mit verschiedenen Stoff-Fell-Lederresten ist für ein Baby eine Schatztruhe. Es nimmt die einzelnen Fleckchen heraus, befühlt sie mit den Händen, streichelt sich damit im Gesicht, kaut ein bisschen drauf herum und wendet sich dem nächsten zu. Ein Stoff fühlt sich glatt, fein und kühl an, während ein Stück von Omas Morgenmantel eher flauschig und warm ist. Ein tolles Erlebnis für die Sinne, das immer wieder Spaß macht, besonders wenn neue und ungewöhnliche Stücke dazu kommen.

Shake it, Baby!

Große Kaffeedosen werden mit unterschiedlichem Inhalt gefüllt. Eine Dose enthält vielleicht einen Löffel, eine andere drei Wäscheklammern, wieder eine andere ist mit großen Legosteinen gefüllt. Egal, was die Mama zum Klappern aussucht, alle Dinge müssen natürlich so groß sein, dass das Baby sie nicht verschlucken kann.
Solche Riesendosen nimmt das Baby in beide Hände, und dann scheppert und klappert es munter drauf los.
Wenn das Baby mit den Dosen schon gut vertraut ist, können Sie ein erstes Geräuschequiz veranstalten: »Wo ist der Löffel?« Das Kind darf jede Riesendose schütteln, und vielleicht zeigt es sogar schon auf die richtige. Wenn nicht, wird die Löffeldose gemeinsam geöffnet und mit Freude festgestellt: »Da ist der Löffel!«

Das Baby ist auch für fremde Laute empfänglich

Lieder in fremden Sprachen, gesungen von bekannten Stimmen (Mama, Papa, Oma ...), fördern Babys Sinn für Laute und unterstützen seine eigene Sprachentwicklung. Übrigens können sich schon Ungeborene mit ihrem gut entwickelten Hörsinn fremde Laute merken – z. B., wenn die Mama sich für einige Zeit im Ausland aufgehalten und die dortige Sprache gesprochen hat ...

Schnalzer

»Schnalzer« sind Walzer oder beliebige andere Weisen, die man mit der Zunge am Gaumen schnalzt. Für den Anfang reichen aber auch einzelne, laute Schnalzgeräusche, um Babys zum Lachen zu bringen.

Der König des Lichts

Eine Taschenlampe mit einem einfachen Drückschalter kann für ein Baby ein atemberaubendes Spielzeug sein. Im dunklen Raum, auf dem Arm vom Papa darf es das Licht einschalten und staunen, wieder ausschalten und ein und aus und ...

Nachtlampe

Auf eine Fläche eines kleinen Kartons wird ein einfaches Bild, z. B. ein Stern, ein Baum, ein Herz ... gezeichnet. Ist der Zeichner mit seinem Werk zufrieden, schneidet er das Bild aus und klebt von innen ein Stück farbiges Transparentpapier gegen den Ausschnitt. So, jetzt braucht er nur noch eine Taschenlampe in den Karton zu legen, anzuknipsen, und schon leuchtet die selbst gebastelte Nachtlampe. Mit so einer Lampe, die es von seinem Bettchen aus gut sehen kann, kann das Kind wunderbar einschlafen.

Küsse unter Engeln

Wenn ein großer Engel ein Englein küsst, küsst er ganz zart auf die Augenlider des Kleinen. Das kitzelt lustig und zaubert dem kleinen Engel ein Lächeln ins Gesicht.

4. Glück für kleine Frösche: Wasser!

Kinder lieben Wasser. Kaum ein Spielmaterial, das sie mehr fasziniert als eine Schüssel voll Wasser. Bereits kleine Babys, denen das Element »Wasser« noch aus dem Mutterleib vertraut ist, können sich ausdauernd und über ungewöhnlich lange Zeit mit Wasser beschäftigen.

Das Motorboot

Papa legt sich das nackte Baby auf seine Unterarme, unterstützt mit seiner Hand den kleinen Kopf, und schon düst das Motorboot durchs Badewasser. Das Wasser spritzt, das Boot gibt laute Motorgeräusche von sich, und das Baby quietscht vergnügt. Zwischen den Fahrten sollte das Motorboot ein bisschen Zeit zum »Auftanken« bekommen.

Spielsachen für die Badewanne

Das z. B. macht im Wasser Spaß:

- *Plastikspritzflaschen*
- *Kleine Plastikgefäße, z. B. Kappen von Spraydosen*
- *Schwamm*
- *Waschlappen oder Waschtuch*
- *Pipette*
- *Kleine Plastikspielsachen, z. B. ein Boot oder eine Ente*
- *Teesieb*
- *Filmdöschen*
- *Gießkanne*
- *Eiswürfel (besonders spannend!)*
- *Badewannen-Bilderbuch aus Plastik*
- *Badeschaum*

Die ganze Spielzeugkollektion finden am besten in einem Einkaufsnetz aus Plastik Unterschlupf. Nach dem Badespaß wird alles eingesammelt, das gesamte Netz unters kalte Wasser gehalten und gespült und anschließend mit Hilfe einer Wäscheklammer an den Duschvorhang geklammert.

Das Schwammspiel

Alle Babys lieben Wasser. Besonders interessant wird es, wenn zusätzlich ein Schwamm ins Spiel gebracht wird. Vor den Augen des Babys legt die Mama den Schwamm in die Wasserschale, und »Hokuspokus« ist das Wasser weg. Wo ist das Wasser? Jetzt hält die Mama den Schwamm über die Schale, drückt ihn aus, und schon kommt das Wasser wieder zum Vorschein. Was für uns so selbstverständlich aussieht, grenzt für ein Baby an Zauberei. Gleich nochmal? Aber jetzt darf das Baby ran. Eine vergnügliche und lehrreiche Beschäftigung, bei der bestimmt nicht so schnell Langeweile aufkommt.

Badewannenspielzeug Marke Eigenbau

Reste von Schaumgummi mit einer Schere in verschiedene Formen schneiden, z. B. Herzchen, Stern, Dreieck ... Ganz besonders spannend wird es, wenn das Kind bei jedem Bad einen neuen Spielschwamm für seine Sammlung bekommt.

Fantasie aus Schaum

Wenn der Schaum in der Badewanne schon so ziemlich zusammengefallen ist, schwimmen einzelne flache Schauminseln auf dem Wasser. Ähnlich wie beim »Wolken-Kino« werden die Inseln genau betrachtet – und plötzlich schwimmen da ein Engel oder ein Rennauto, ein Saurier mit Schleife am Kopf und andere fantastische Gebilde.

Ausrangierte Babywanne

Halt, die Babywanne nicht weggeben! Sie wird noch lange Zeit gute Dienste tun, z. B. als Minisandkasten, als kleines Planschbecken für den Balkon, als »See«, auf dem man kleine Spielzeugboote und selbst gefaltete Schiffchen zu Wasser lassen kann, als Piratenschiff auf hoher See ...

Eisschollen in der Badewanne

Plastiksuppenteller werden mit unterschiedlich gefärbtem Wasser gefüllt (Lebensmittelfarbe) und tiefgefroren. Die Schollen kurz vor dem Gebrauch aus den Tellern lösen. Dazu taucht man die Tellerunterseite kurz in heißes Wasser. So, nun kann der Spaß beginnen! Die bunten Schollen werden zum »Bade-Pinguin« ins warme Badewasser gelegt. Übrigens: Kleine Plastikmännchen und -tiere können auf den Eisschollen spannende Abenteuer erleben!

Schaumige Kunst

Rasierschaum ist herrlich zum Spielen geeignet. Mama bestreicht einen Teil des Badezimmerbodens sorgsam mit Schaum, und das Kind malt mit Fingern und Zehen Bilder und Zeichen in den »Schnee«. Oder es hinterlässt mit Knie, Ellbogen, Hand und Po rätselhafte Spuren ...
Und von den Fliesen lassen sich die Überreste schnell beseitigen.

Ein Planschbecken ohne Wasser

Ein aufgeblasenes Planschbecken ist ein herrlicher Spielplatz für ein Baby, auch wenn das Becken nicht mit Wasser gefüllt ist. Sand, frisch gemähtes Gras oder Laub sind tolle »Füllungen« und geben eine Menge neuer Spielanlässe.

Seife blasen

Ein feuchter Waschlappen wird von einer Seite gut eingeseift. Dann wird von der anderen Seite fest in den Waschlappen geblasen. Dadurch entstehen auf der Seifenseite Tausende winzige, aneinanderhängende Seifenblasen. Ein sehr lustiger Anblick, bei dem das Baby immer wieder verlangt: nochmal!
Kleinkinder können die Seifenblasen schon selber produzieren.

Wassermalerei

Es gibt kaum ein schöneres Spiel an einem heißen Sommertag als die Wassermalerei.
Mit Eimer, Gießkanne, dickem Schwamm oder Malerpinsel ausgerüstet, malt das Kind mit Wasser Bilder auf den Beton oder eine Holzwand. Natürlich wird das Bild nach einiger Zeit trocknen und verschwinden, aber was macht das, solange noch Wasser im Eimer ist!

Pingpong in der Badewanne

Tischtennisbälle sind ein ideales Badewannenspielzeug! Ein Ball wird tief unter die Wasseroberfläche gedrückt und plötzlich losgelassen. Klatsch, und der Ball schnellt hoch in die Luft, eine kleine Wasserfontäne hinter sich herziehend. Toll, gleich nochmal!
Variante: Oder wir spielen mit zwei, drei oder gar vier Bällchen gleichzeitig. Pingpongbälle lassen sich auch im Schaum verstecken oder über die Wasseroberfläche bis zur anderen Badewannenseite pusten.

Bunte Eiswürfel

Eiswürfelbereiter werden mit Wasser gefüllt, das die Mama mit ein paar Tropfen Lebensmittelfarbe unterschiedlich eingefärbt hat. So stellt sie die Dinger in den Tiefkühler. Die fertigen Eiswürfel kommen in eine Tüte, die bald voller verschiedenfarbiger Eiswürfel ist.
Alles fertig? Dann kann der Spaß beginnen: Wenn das Baby in der Wanne sitzt, lässt die erwachsene Bademeisterin ein paar bunte Würfel ins Badewasser plumpsen.
Variante: Die Eiswürfel können auch mal außerhalb der Badewanne, z. B. im Garten, in einer Plastikschüssel mit etwas Wasser darin, zum Spielen serviert werden oder auch über eine Plastikdecke auf dem Tisch rutschen ...

Wasser braucht jeder

Ein Baby, besonders eines, das schon die ersten Schritte selber laufen kann, braucht eine kleine Plastikgießkanne, mit der es draußen alles begießen kann, was ihm in den Weg gerät. Zuerst mal die eigenen Füße, dann die Füße von Mama, dann die Blümchen im Garten, den Hund vom Nachbarn und die Pflastersteine vor dem Hauseingang. Das Spiel macht dem Baby riesigen Spaß und fördert dabei seine Augen-Hand-Koordination.

Eine pitschpatschnasse Welt

Keine Angst: Babys sind nicht aus Zucker, und eine Spazierfahrt im Regen ist nicht gefährlich. Im Gegenteil erkundet das Baby dabei neue Geräusche und Gerüche, spürt die Regentropfen auf den Händen und freut sich an diesen Empfindungen. Klar, dass das Baby dabei nicht frieren darf und so ein Ausflug auch nicht allzu lang dauern wird.

Der Zauberschirm

Ein Regenschirm, möglichst ein bunter mit einer Aufspannautomatik, ist für ein Baby eine Sensation. Erst ist da nur eine einfache, uninteressante Stange, dann entfaltet sich plötzlich ein großes, buntes Dach. Die Welt ist voller Wunder!

Das Schirmgesicht

Wer einen alten, einfarbigen Schirm ergattern kann, malt ihm Augen, Nase und einen lachenden Mund mit einem sehr breiten Filzstift auf, so dass der aufgespannte Schirm wie ein großes, fröhliches Gesicht aussieht. Ein echter Knüller auf Babys Hitliste!

5.
Baby mobil

Menschenkinder sind »Nesthocker«. Anders als die meisten Tiere brauchen sie ein gutes Jahr, bis sie laufen können. Aber Bewegung ist von Anfang an angesagt: erst strampeln und hin und her rollen, dann krabbeln und aufrichten – was für ein Fortschritt! Vom Stehen zum Gehen sind es dann nur noch wenige Schritte, und es tut sich wieder eine ganz neue Welt auf.

Das »Mama-bück-dich-Spiel«

Das Kind liegt oder sitzt im Bettchen und spielt mit einem Spielzeug. Da fliegt das Ding rein zufällig aus dem Bett. Die Mami kommt, bückt sich und gibt ihrem Liebling das Spielzeug mit einem lieben Lächeln zurück. Und nochmal und nochmal – das geduldige Mami-Lächeln ist zwar verflogen, aber trotzdem spielt sie mit.

Zugegeben, dieses Spiel ist nervend, aber aus dem Blickwinkel der Entwicklungspsychologie betrachtet, bedeutet es, dass das Kind etwas Neues und Entscheidendes gelernt hat, nämlich dass es Einfluss und sogar Macht über Dinge (Spielzeug) und Personen (Mama) hat. Es erkennt, dass es das Verhalten seiner Mitmenschen beeinflussen kann. Was für ein großer Schritt in der geistigen Entwicklung des Kindes!

Schnell aufs Karussell!

Ein Karussell für ein Baby ist rasch aufgebaut. Man braucht nur ein großes, weiches Kopfkissen. Das Kissen liegt auf dem glatten Fußboden, das Baby auf dem Kissen. Alles fertig? Dann wird das Kissen leicht gedreht, das Babykarussell damit in Bewegung gesetzt, und schon geht's rund!

Wandelnde Schildkröten

Der Erwachsene geht in Krabbelstellung und stülpt sich einen großen, leeren Wäschekorb über. Auf diese Weise zur Schildkröte verwandelt, krabbeln Sie durch die Wohnung. Das Baby wird es Ihnen bald mit großem Vergnügen nachmachen. Noch lustiger wird das Spiel allerdings, wenn die Babyschildkröte mit anderen Schildkröten durchs Gras oder Zimmer krabbeln darf. Übrigens ein erprobtes Spiel für allererste Baby-Partys!

Hindernis-Krabbeln

Hier wird um die Wette gekrabbelt, und alle Familiemitglieder krabbeln mit: über dicke Kissen hinweg, um den Sessel herum, zwischen den Stühlen hindurch über die Luftmatratze und dann schnell durch die Zieltür!

Kein Problem, wenn der jüngste Krabbler ein paar Abkürzungen nimmt, das Wichtigste ist wie immer der Spaß.

Verzierte Pflaster sind der Hit

Pflaster sind noch viel begehrter, wenn sie bunt oder mit lustigen Figuren versehen sind. Bitten Sie die zeichenbegabte Freundin beim nächsten Besuch, am besten gleich ein ganzes Päckchen von Pflasterstreifen verschiedener Breiten mit Hasen, Löwen, Sauriern usw. zu verzieren. Übrigens: Auch kleine Wehwehchen brauchen ein großes Pflaster!

Babykutsche

Ein Wäschekorb wird mit einer Decke und kleinen Kissen ausgepolstert. Das Baby wird in die Kutsche gesetzt und mit weiteren Kissen abgestützt, damit es während der Fahrt nicht seitwärts umkippt. An der Stirnseite der Kutsche wird ein Strick durch die Henkelöffnung gezogen und verknotet. Nun geht die Kutschenfahrt los – am besten auf glattem Holz- oder Teppichboden. Es muss nicht unbedingt ein Erwachsener die Kutsche durch die Wohnung steuern! Größere Geschwister erledigen diese Aufgabe vortrefflich und haben selbst Spaß daran.

Krabbelbilder

Lustige, bunte Bilder, die mit Kreppband auf den Boden geklebt wurden, regen das Baby zum Krabbeln an. Wer selbst nicht so gerne malt, schneidet die Bilder aus alten Bilderbüchern (Flohmarkt!) oder Prospekten aus. Besonders lustig wird es, wenn Eltern oder Geschwister mitkrabbeln und dem Baby von den Dingen, die es auf den Bildern zu sehen gibt, erzählen.

Bekannte Geräusche geben Sicherheit

Wer in einer ganz normalen Situation, z. B. beim Abendessen mit der Familie, einen Rekorder mitlaufen lässt, erhält nicht nur ein interessantes Familien-Erinnerungsstück, sondern auch eine Wohlfühlkonserve für Babys, die z. B. auf Autofahrten dem Kleinen das Gefühl der Aufgehobenheit vermittelt und sich prima zum Entspannen eignet.

Die Farbenjagd

Heute ist ein roter Tag. Das merkt jeder schon daran, dass sowohl das Baby als auch die Mama rot gekleidet sind! Auf dem Boden im Kinderzimmer liegt eine rote Decke (Pullover, Handtuch, Tonpapier ...) und darauf parken heute das kleine rote Spielzeugauto, der rote Malstift, die roten Hausschuhe ...
Aber damit noch nicht genug! Wir schleichen ganz aufmerksam durch die einzelnen Zimmer auf der Jagd nach weiterer roter Beute. Ah, da liegt ein rotes Buch! Sofort tragen wir es auf die rote Sammeldecke. In der Küche entdecken wir ein rotes Gummibärchen und einen roten Apfel, im Esszimmer eine rote Serviette usw.
Klar, dass demnächst mal ein blauer Tag stattfinden wird und ein gelber und ein grüner und ...

Der Doppelmensch

Das Kind stellt sich mit dem Rücken zu Ihnen auf Ihre Füße. Sie halten die Hände des Kindes fest. Dann setzt sich der Doppelmensch in Bewegung. Er läuft quer durchs Zimmer, stellt sich allen Familienmitgliedern als »Mamalaura« oder als »Valentinpapa« vor und schreitet, schon immer sicherer und schneller, durchs ganze Haus. Besonders das Treppensteigen macht viel Spaß.
Wenn Ihr Kind bei diesem Spiel sehr unsicher ist, laufen Sie zuerst eine Weile Bauch an Bauch. Dabei kann sich das Kind besser festhalten und schnell mal Augenkontakt zu Ihnen herstellen, wenn Angst aufkommt.

Mach mal Pause

Wer Mutter oder Vater wird, lernt schnell die Bedürfnisse des Babys kennen und stets und ständig zu befriedigen.
So sehr Sie sich natürlich auf ein Kind einlassen müssen und wollen, so sehr Sie dieses kleine, schutzbedürftige Wesen lieben: Es ist auch wichtig, die eigenen Bedürfnisse nicht zu vergessen! Wer ab und zu ohne schlechtes Gewissen seinen eigenen Interessen nachgeht und die Oma oder einen Babysitter anheuert, wird durch die Freizeit entspannter und glücklicher. Und das wiederum kommt direkt dem Baby zugute. Eine glückliche Mama, ein ausgeglichener Papa sind nämlich die besseren Eltern!

Kinderwagen & Co.

Ist doch langweilig, immer im selben Sportwagen herumgefahren zu werden! Viel lustiger ist so eine Spazierfahrt im gut ausgepolsterten Schubkarren, im Leiterwagen, in einem Einkaufswagen, in Papas rollendem Schreibtischsessel oder in Omas Einkaufstaschen-Rolli.

Ringkampf

Schon ganz kleinen Kindern macht es Spaß, sich mit Mama oder Papa auf dem Boden zu balgen. Und wie toll, wenn Baby dann auch einmal den Papa überwältigen kann, der endlich matt auf dem Boden liegt und sich gegen die »Übermacht«, die auf seiner Brust kniet, ergibt.
Auch ein wunderbares Sonntagmorgen-Spiel im Bett!

Babygesellschaft

Babys sind gerne in Gesellschaft, besonders in Gesellschaft Gleichaltriger. Auch wenn die Kinder noch nicht alt genug sind, um miteinander zu spielen, gefallen ihnen doch der Anblick, die Geräusche und die Bewegungen der anderen Knirpse. Ziemlich schnell schauen sie sich etwas ab. Der Kollege schnullert an der Flasche, schon will das Baby auch sein Fläschchen. »Lernen durch Imitation« steht in den ersten Lebensmonaten auf dem Lernplan, und andere Kinder bieten so viele Anregungen. Halten Sie die Treffen mit anderen Eltern und Kindern kurz und klein. Zwei weitere Kinder sind völlig genug, länger als eine Stunde sollte das Treffen nicht dauern, sonst könnten sich die Babys überfordert fühlen.

Das ist bei uns so Brauch

Jede Familie braucht ein paar ganz spezielle Bräuche, ganz besondere Geheimnisse – die möglicherweise sogar von Generation zu Generation weitergegeben werden:
Ein besonderer Pfiff, bei dem jedes Familienmitglied weiß, hier hat »einer von uns« gepfiffen, ein spezielles Quatschspiel, ein Lied mit umgebautem, lustigen Text, der nur auf diese eine Familie passt, ein spezielles Essen, das nur einem kranken Familienmitglied zuteil wird, ein Baum, den die Familie über Jahre besucht, gepflegt, fotografiert und umarmt hat ... Diese Dinge sind es, die eine Familie einzigartig machen und an die sich jedes Mitglied bis ans Ende seiner Tage gerne erinnern wird.

»Plumps«

Eine Matratze oder ein großes, weiches Kissen liegt auf dem Boden. Der kleine Läufer wackelt erst ganz vorsichtig von Mamas Hand alleine los und fällt »Plumps« auf das Kissen.
Gleich nochmal. In jeder Runde läuft das Kind schneller und sicherer zum »Plumps« und lacht sich schief dabei.

Wenn's Abend wird ...

Ein kleiner Abendspaziergang durch die Zimmer macht aus dem Zubettgehen ein entspannendes Ritual. Auf dem Arm des Papas, oder später an seiner Hand, kommt das Kind zu allen Personen, vertrauten Tieren und wichtigen Gegenständen und sagt »Gute Nacht!«, also: »Gute Nacht, Oma!«, »Gute Nacht, Sofa!«, »Gute Nacht, langer, roter Fisch mit blauer Flosse!«, »Gute Nacht, kleiner, gelb-blau geringelter Fisch!«, ... (Sollten Sie ein Aquarium besitzen, machen Sie besser einen Bogen drum.), »Gute Nacht, Schaukelstuhl«. »Gute Nacht, Mama.«

6. Alles Quatsch!

Kinder lachen durchschnittlich 300-mal am Tag. Erwachsene lachen in der gleichen Zeit etwa fünfmal. Es gibt eine Menge aufzuholen in Sachen sinnfreiem Quatsch! Was manche Erwachsene erst noch lernen müssen: Babys finden oft ganz andere Sachen witzig als wir. Und natürlich hat jedes Kind seine speziellen Lacher – ganz wie unter uns Großen auch.

Lippenblubbern

... ist ein herrliches Quatschspiel. Sie zeigen, wie es geht. Erst machen Sie einen Schmollmund, dann streichen Sie sich mehrmals kurz über die Unterlippe. Die Unterlippe »blubbert« jedesmal zurück. Das macht ein lustiges Geräusch und schaut sehr dumm aus. Dann helfen Sie dem Baby beim »Blubbern«. Erst mit Ihrem Finger am Kindermund, und dann kann es das mit seinem eigenen Fingerchen.

Variante: Beim Blubbern wird ausgeatmet oder ein Ton oder eine ganze Tonfolge gesummt.

Quetschwangen

Papa nimmt die beiden Babyhände und drückt damit gegen seine aufgeblasenen Backen. Dabei entweicht die Luft mit lustigen, lauten Geräuschen. He, das war toll! Gleich nochmal und nochmal und ...

Quatsch am Ohr

Zieht man sanft an Papis Ohrläppchen, kommt sofort seine Zunge aus dem Mund. Oh – was ist das? Gleich nochmal probieren. Tatsächlich, es funktioniert. Nach einer Weile dreht Papi das Spiel um, zieht ganz sanft an Babys Ohr und streckt gleichzeitig seine eigene Zunge heraus. Eine Zeitlang passiert nichts – doch plötzlich streckt Baby seine Zunge aus dem kleinen, lachenden Mund. Es hat das Prinzip verstanden: »wenn – dann«.

Mit der Zeit entstehen bestimmt noch viele weitere, lustige Spiele, denn da ist ja noch ein zweites Ohrläppchen zum Ziehen und eine Nase, die man anstupsen kann.

Bauchküsse

Ein lustiges Spiel beim Wickeln: Mama holt tief Luft, küsst den warmen Babybauch und lässt dabei die Luft mit merkwürdigen Geräuschen und vibrierendem »Lippenblubbern« entweichen.

Seltsame Geräusche

Babys gefällt es, wenn sich die Menschen unterhalten und miteinander lachen. Besonders lustig wird es, wenn eine bekannte Stimme plötzlich ganz neue, komische Laute von sich gibt. Vor allem hohe Töne sind bei Babys beliebt. Also piepst Papa ein paar Sätze wie eine Maus, krächzt ein Gedicht mit der Stimme eines Papageis oder quakt dem Baby die neuesten Schlagzeilen aus der Zeitung vor.

Geheime Späße

Schnalzt der Papa mit der Zunge, quietscht das Baby vor lachen. Der Bruder zieht eine Grimasse und knurrt dazu ... ein Grund für den nächsten Lacher. Opa zieht die Augenbrauen zusammen und prustet mit den Lippen – auch nicht schlecht!

Solche kleinen Späße sollten Sie mit dem Baby immer mal wieder machen, z. B. in der Warteschlange vor der Supermarktkasse, wo es weit und breit kein Spielzeug gibt, sind Sie froh, dass Sie ein paar »Instant«-Späße in petto haben.

Singen ist eine Lust

Das Neugeborene und die kleineren Babys werden zunächst der Mama und dem Papa zuhören, wenn sie Muntermach- und Einschlaflieder singen. Bald aber versuchen sie, mit einzustimmen, denn Musik, vor allem aber Singen steigert Babys Wohlbefinden. Kleinkinder singen dann gern selbst. Am liebsten nachempfundene Melodien mit selbst kreierten Lauten und neu gelernten Wörtern. Zugegeben, manchmal bedarf es einiger Geduld, einer inbrünstig gesungenen Interpretation von »Alle meine Entchen« zu lauschen, die meistens haarscharf neben der richtigen Tonfolge liegt. Keine Sorge! Singen ist eine Lust und fast immer Ausdruck von Wohlbefinden. Wer lieber über sein Lastauto singt als von irgendwelchen Entchen, tut doch genau das Richtige! Und auf die »richtige« Melodie wird sich Ihr Kind mit der Zeit schon einstimmen.

Hände-Sandwich

Sie fangen an und legen Ihre Hand auf den Tisch. Das Baby legt sein Händchen oben drauf, nun kommt Ihre zweite Hand und darauf die zweite Babyhand. Jetzt ziehen Sie ihre untere Hand aus dem »Sandwich« und legen sie ganz oben wieder auf. Das Baby zieht (mit Hilfestellung) seine untere Hand ebenfalls heraus, legt sie oben auf den Händeberg, und immer so fort. Das Spiel kann immer schneller werden.

Variante: Kleinkinder mit etwas mehr Geschick spielen Sandwich, indem sie eine Faust mit hochgerecktem Daumen bilden. Die nächste Faust umschließt den Daumen usw.

Feuchte Zungenspäße

So eine Zunge ist schon ein seltsames Instrument. Man setzt sich dem Baby gegenüber, und dann geht es auch schon los:

- Wer kann seine Zunge ganz weit rausstrecken?
- Wer kann mit seiner Zunge rumwackeln?
- Wer kann sie sich schnell in die rechte Wange schieben?
- Wer kann seine Zunge rollen?
- Wer kann sich den Mund bis in die äußeren Winkel ablecken?

- Wer kann die Zunge hinter die Zähne schieben und dann nach vorne schnellen lassen?
- Wer kann mit der Zunge am Gaumen schnalzen?

Wenn das Nachmachen für das Baby auch noch zu schwer ist, hat es doch Spaß an den komischen Situationen, vor allem, wenn auch die größeren Geschwister mitspielen und zeigen, was sie können.

Die Großen krabbeln hinterher

Babys finden es zum Quietschen komisch, wenn Mama, Papa, Opa oder sonst ein lieber Erwachsener hinter ihnen her durch die Wohnung krabbelt.
So ein lustiges Spiel hat aber auch den Vorteil, dass der Erwachsene die Welt mit des Krabblers Augen sieht und schnell noch irgendwelche Gefahrenquellen entdeckt, die sich auf dieser Höhe befinden.

Die Kitzelbiene

Die Kitzelbiene ist ein seltsames Tier. Sie fliegt laut summend durch die Luft, immer um das Baby herum oder ganz nah am Baby vorbei, bis sie schließlich einen geeigneten Landeplatz gefunden hat. Der Babybauch beispielsweise scheint ihr zu gefallen. Dort landet sie sanft und beginnt sofort, den kleinen Bauch zu kitzeln. Was für ein Vergnügen! Schon fliegt sie weiter, und wer weiß, wo sie jetzt landen wird.

Zwinkern

Ein ganz leiser Spaß: Sie halten Ihre Augen nah an die Babywange, und dann zwinkern Sie heftig mit den Augenwimpern. Das kitzelt so lustig und bringt das Baby gleich zum Lachen.

Papagei & Mamagei

Das Kind ist ständig dabei, die Laute der Menschen in seiner Umgebung nachzuformen. Bei diesem Spiel geht es andersrum: Baby plappert vor sich hin, und Mamagei oder Papagei plappert die selben Töne in der gleichen Tonlage nach. Das Baby braucht ein bisschen, um hinter die Spielregel zu kommen, aber dann geht es ab!

Aufgeblasener Spaß

Wer kann mit einem gut durchgekauten Kaugummi eine Blase machen und sie dann mit einem Knall zerplatzen lassen? Für ein Baby ist das ein tolles Schauspiel, und der Blasen-Zauberer ist sein Held.

Überraschung!

Alle Kinder lieben Überraschungen. Ein Spielzeug, mit dem das Baby schon längere Zeit nicht mehr gespielt hat, wird in weiches Papier eingepackt und mit einem bunten Bändchen locker »verschnürt«. Jetzt darf das Baby auspacken. Hurra, der »Autoteddy« ist zu Besuch gekommen!

Häschen hüpf

Mit dem Baby auf dem Arm rufen Sie laut: »Häs-chen hüpf!« und springen bei »hüpf« ein Stück nach vorne. Gleich geht's weiter:« Häs-chen hüpf!« Und schon wieder machen Sie einen Satz nach vorne oder auch mal zur Überraschung des Babys nach hinten oder nur nach oben in die Luft.

Behütet

Das Baby sitzt vor dem Spiegel und erhält eine Reihe verschiedener Kopfbedeckungen, mit denen es sich jetzt im Spiegel bewundern kann. Ein lustiges Spielchen für den Akteur und die Zuschauer. Außer den üblichen Hüten, die es im Haus zu finden gibt, eignen sich auch die verschiedensten Faschingshüte zum Spielen.
Fotografieren nicht vergessen!

Ich fühl mich heut so lustig

Es gibt Tage, da ist das Baby so gut aufgelegt, dass es sich selber vor Lachen uber seine eigenen Scherze biegt. Es wirft die Rassel auf den Boden, die macht dabei ein seltsames Geräusch, und schon lacht das Baby aus vollem Hals.
Teilen Sie seine gute Laune und lachen Sie mit. Für das Baby ist es ein tolles Erfolgserlebnis, wenn sein Verhalten eine positive Auswirkung auf die geliebten Menschen in seiner Umgebung ausübt.

Die Nasensprache

Papa hält sich die Nase zu und spricht dadurch haargenau so wie der Pinguin, den er in der Hand hält. Das sieht lustig aus, hört sich komisch an und bringt erst das Baby und dann auch den Papa zum Lachen.
Spaß verdoppelt sich nämlich, wenn man ihn teilt.

Erste-Hilfe-Toilettenpapier

Zugegeben, dieses Spiel macht zwar dem Baby großen Spaß, den Erwachsenen aber meistens nicht. Darum sollten Sie es wirklich nur für einen »Notfall«, sprich ein schreiendes, kaum mehr zu beruhigendes Baby aufsparen.
Geben Sie dem Kind eine Rolle Toilettenpapier und warten Sie, was passiert. Meistens verwandelt sich das brüllende Kind innerhalb weniger Minuten in einen weißen, vor Freude quietschenden Papierberg.

Augenblick mal!

Da hat man sich nun an den Anblick der geliebten Mama gewöhnt und meint, ihr Gesicht in und auswendig zu kennen, doch plötzlich schaut die gute Frau irgendwie anders aus! Man schaut ihr nochmal ganz konzentriert ins Gesicht, und da – jetzt hat man es entdeckt: Mitten auf Mamas Wange klebt ein lustiger bunter Sticker! Kurz darauf klebt das Ding auf der anderen Wange ... genau da! Baby hat das Ding schon wieder entdeckt. Am lustigsten sieht es allerdings aus, wenn der Sticker auf Mamas Unterlippe klebt und so komisch auf und nieder wackelt, wenn sie spricht.

Guten Morgen, liebes Knie!

Bei diesem Quatschspiel begrüßen Sie morgens oder nach dem Mittagsschlaf verschiedene Körperteile des Babys, also: »Guten Morgen, lieber Bauch!«, dabei kitzeln Sie den nackten, warmen Babybauch. Danach begrüßen Sie vielleicht den kleinen Zeh: »Guten Morgen, lieber kleiner Zeh!« und so weiter. Bei einem Spiel werden etwa fünf verschiedene Körperteile begrüßt, und beim nächstem Mal sind wieder andere an der Reihe.

Mit älteren Kindern können Sie so spielen: »Guten Morgen, liebe rechte Hand!« Jetzt begrüßt die rechte Hand des Erwachsenen die rechte Hand des Kindes. Das ging noch einfach, aber dann heißt es »Guten Morgen, lieber linker Ellbogen«, oder »Guten Morgen, liebes rechtes Knie!«, und schon beginnen die lustigsten Verrenkungen.

Spenden Sie ganz viel Beifall

Das Selbstbewusstsein des Babys wächst in dem Maße, wie die geliebten Menschen in seiner Umgebung auf sein Tun reagieren. Macht das Baby einen Spaß, braucht es das Lachen des Spielpartners als Reaktion. Das Baby lernt jeden Tag etwas hinzu, und es wird noch mutiger und noch sicherer, je mehr positive Verstärkung von den »Zuschauern« kommt, die das Baby anspornen und sogar noch dann applaudieren, wenn beim Versuch der Selbstfütterung das meiste auf dem Babybauch landet.

Die Kinderzimmer-Rutschbahn

An einen Stuhl wird ein Brett oder ein Stück stabile Pappe so schräg angelehnt, dass eine kleine Rutsch- und Rollbahn entsteht. Und was da alles rutschen darf!

Zuerst mal ein Spielzeugauto und ein kleines Püppchen, aber dann werden die Teilnehmer immer ausgefallener: Eine Kartoffel darf rutschen, das Babyfläschchen rollt die Bahn hinunter, gefolgt von einem runden Keks. Dann ist der Hausschuh an der Reihe, ein großer Farbwürfel und alles, was einem noch so in die Quere kommt.

7. Einfach nur Sand

Die ersten Abenteuer auf dem Spielplatz: was für ein wunderbares Material, weich und hart, formbar und fest und scheinbar unendlich vorhanden. Joachim Ringelnatz erzählt davon in seinem hübschen Gedicht

Kindersand

Das Schönste für Kinder ist Sand.
Ihn gibt's immer reichlich.
Er rinnt unvergleichlich
Zärtlich durch die Hand.
Weil man seine Nase behält,
Wenn man auf ihn fällt,
Ist er so weich.
Kinderfinger fühlen,
wenn sie in ihm wühlen,
Nichts und das Himmelreich.
Denn kein Kind lacht
Über gemahlene Macht.

Eine Kiste voll Sand

Die Anschaffung einer Sandkiste lohnt sich immer. Kein Spielzeug wird über so viele Jahre so intensiv genutzt wie die Sandkiste. Wer keinen Garten hat, kann vielleicht eine kleine Kiste Sand auf dem Balkon unterbringen. Da Katzen, Vögel und andere Tiere von Sand magisch angezogen werden, ist eine Abdeckung sehr wichtig! Jedes Kind wird irgendwann einmal eine Handvoll Sand in den Mund stecken – wie gut, dann zu wissen, dass es wirklich sauberer Sand ist!

Ich kann eine ganze Sinnes-Sand-Welt entdecken

Es gibt wohl kaum einen Ort, an dem Babys selbständig so viele grundlegende Erfahrungen sammeln wie im Sand. Das Vergnügen, wenn der Sand langsam zwischen den Fingern hindurch rieselt, die wohligen Empfindungen von Wärme und Kühle, von Feuchtigkeit und Trockenheit, die das Baby beim Buddeln im Sand erlebt. Die Freude, wenn ein »Kuchen« gelungen ist und die Mama damit gefüttert wird, der Stolz über eine Sandburg – und dann kann ich sie selbst zum Einsturz bringen!
Der Umgang mit Sand beruhigt. Ein Kind, das friedlich im Sand spielt, erholt sich vielleicht gerade von hektischen, lauten Eindrücken und schöpft Kraft für die vielen weiteren Dinge, die um die Ecke warten und erobert werden wollen.

Sandspielzeug

Natürlich gibt es jede Menge buntes Sandspielzeug zu kaufen – genauso gut spielt es sich aber mit ausrangierten Küchengegenständen oder diversen Schalen, Schachteln oder Bechern, die normalerweise in den Müll wandern, wie z. B.:

- ausrangierte Töpfe, Siebe, Löffel, Schneebesen ...
- Joghurt- und Sahnebecher
- Eisstiele, Eislöffelchen
- Kaffeedosen und andere stabile Dosen aus Pappe oder Plastik (z. B. von Kakaopulver, Müsli).

Das Handsieb

Ein Spiel für warme Tage: Sie nehmen eine Hand voll trockenen Sand, spreizen die Finger und lassen den Sand langsam auf die Ärmchen, die Beinchen oder den nackten Bauch des Babys rieseln, das ein wohliges Kitzeln auf der Haut spürt.

Vergraben

Zwei kleine Kinderhände werden nebeneinander im Sand vergraben. Zusätzlich wird noch ein kleiner Sandberg darüber aufgeschüttet und festgeklopft.
Wem gelingt es, die Finger vorsichtig unter dem Sand zu bewegen, so dass sich die Hände berühren, ohne dass der Berg zusammenstürzt? Gar nicht so einfach!
Varianten: Nach den Händen werden natürlich auch mal die kleinen Füße vergraben.
Genauso lustig ist es, wenn die Rollen getauscht werden und das Kind die Mama- oder Papahände, die Füße oder sogar die Beine tief im Sand verbuddeln darf.

Eine Wanne voller Wonne

Im Schlamm wühlen ist ein großes Vergnügen für Babys. An einem warmen Tag, an dem das Kind möglichst nackt im Sandkasten spielen kann, sollten die Eltern ihm dieses Vergnügen bereiten. Zuerst ein großes Loch ausheben und anschließend mit einem Stück Klarsichtfolie oder einer aufgeschnittenen Plastiktüte auslegen, das Loch mit Sand und Wasser auffüllen. Und dann darf nach Herzenslust gerührt, gematscht und geformt werden.
Nach dem Spielen hilft ein warmer Guss aus der Gießkanne, das Baby vom gröbsten Schmutz zu befreien.

Ein Sandkasten der mobil ist

Eine Schubkarre oder ein Handwagen wird mit Sand gefüllt und kann den Sandkasten prima ersetzen. Er kann, je nach Wunsch und Wetter, vom Garten in die Garage oder unter die Balkonbrüstung geschoben werden. Die meisten Kleinkinder »arbeiten« sowieso lieber im Stehen!

Sandkämme

In feuchten Sand lassen sich wunderbare Muster hineinkämmen. Als Kamm eignet sich ein kurzer Kinderrechen, eine alte Gabel oder ein ausrangierter Kamm, dem mindestens jeder zweite Zahn fehlt. Kämme für die verschiedensten Sandmuster lassen sich aber auch aus fester Pappe zurechtschneiden.

Schatzsuche

Faustgroße, bunt bemalte Steine im Sand vergraben und vom Baby ausbuddeln lassen.

Patschfladen

Aus nassem Sandteig wird ein Fladen geformt, und das Baby vergnügt sich damit, mit seinen Händen auf dem Schlammfladen herumzupatschen, mit dem Finger ein Loch hineinzubohren, die Oberfläche glatt zu streichen und was ihm sonst noch so in den Sinn kommt.

Bunter Sand, selber hergestellt

Bunter Sand entsteht, wenn man ihn mit verdünnten Fingerfarben oder Wasserfarben mischt, jede Farbe auf einen Teller mit Küchenpapier gießt und zwei Tage trocknen lässt.

Sandbilder

Mit den Fingern, den Zehen oder einem Stöckchen kann schon ein Baby tolle Bilder in den feuchten Sand malen! Wer will, ritzt mit seinem »Pinsel« zuerst einen Rahmen in den Sand, in dem dann gemalt wird. Manchen Kindern ist es lieber, wenn die Zeichenfläche auf diese Art begrenzt ist.

Schatzsuche am Strand

Kaum eine andere Gegend ist bei kleinen Schatzsuchern so beliebt wie der Strand. Besonders bei Ebbe lassen sich die tollsten Schätze finden, z. B. Zangen von toten Krabben, Muscheln, glänzende bunte Steinchen, Treibholz, Wasserpflanzen, Korallenteilchen und vieles mehr. Die Schätze werden in den »Heimathafen« geschleppt und dort genau sortiert und gründlich gewaschen. Die besten Stücke nimmt das Kind mit nach Hause als Erinnerung oder schenkt auch mal den einen oder anderen Schatz dem Opa oder der Nachbarkatze.

8. Erste Schritte in die Welt

Mit einem Baby die Natur zu erkunden, ist auch für Erwachsene ein tolles Erlebnis. Wenn das Baby zum ersten Mal in seinem Leben einen Schmetterling sieht oder ein Gänseblümchen, ist das nicht selten auch für die Großen die Gelegenheit, sich dieses Tier oder diese Pflanze (wieder oder vielleicht auch zum ersten Mal) bewusst anzusehen, den Anblick zu genießen und zu staunen über die winzigen Wunder dieser Welt.

Geben Sie dem Baby viele Anregungen und erkunden Sie mit ihm alles, was sein Interesse weckt. Dabei ist es aber genauso wichtig, dem Kleinen genügend Zeit zu geben, die Eindrücke wahrzunehmen und wirken zu lassen.

Ein Besuch im Zoo

Der Zoo ist mit Sicherheit eines der beliebtesten Ausflugsziele aller Kinder. Babys und Kleinkinder sind jedoch von dem großen Angebot überfordert. Nach dem für Babys immer gültigen Spruch: »Weniger ist mehr« suchen Sie vor dem Besuch aus, welche Tiere Sie besuchen wollen. Fische sind für Babys die idealen Beobachtungstiere. Hier können sie in aller Ruhe dem gemächlichen Treiben im Wasser zusehen, entdecken viele Einzelheiten und freuen sich über die verschiedenen Farben und Formen dieser Tiere. Schildkröten eignen sich ebenfalls gut. Die Tiere bewegen sich langsam und kontrolliert, nichts wirkt hektisch oder beängstigend.

Dem Streichelzoo und dem Kinderspielplatz sollten Sie mit einem Baby noch aus dem Weg gehen. Es ist schon durch die vielen neuen Geräusche und Gerüche im Zoo genügend stimuliert. Außerdem spricht ja nichts dagegen, ganz bald mal wiederzukommen, die Tiere vom letzten Besuch kurz zu besuchen und dann ein paar andere kennen zu lernen.

Der Babyzoo

All die vielen Kuscheltiere, die Badewannenente und der Aufziehfrosch brauchen dringend frische Luft. Darum wird draußen im Garten ein Zoo eingerichtet. Die Ente bekommt einen Plastikschalen-Teich vor dem der Frosch auf und ab hüpfen kann. Der Teddybär wohnt im Wald, der ihm mit Zweigen im Sandkasten eingerichtet wird. Auf diese Weise bekommt jedes Tier sein »Gehege« und regelmäßig Besuch vom Baby. Abends kommen die Tiere wieder ins Haus. Aber wer weiß jetzt noch, hinter welchem Stein das Krokodil lauert? Wo schaukelt der Affe und auf welchem Grasbüschel schläft das Schäfchen?

Babys haben unendliche Geduld

Babys haben Zeit, ganz viel Zeit, oft viel mehr, als ein gestresster Erwachsener ertragen kann. Ein Baby sitzt seelenruhig im Garten und betrachtet die Kieselsteinchen ... jedes Steinchen einzeln. Es dreht das Steinchen zwischen den Fingern, legt es zur Seite, nimmt das nächste oder das vorletzte und ist ganz intensiv von dieser Tätigkeit gefangen genommen. Was Babys instinktiv richtig tun, verlangt von dem Erwachsenen, der das Baby gerade betreut und natürlich beobachtet, damit es nicht doch einmal ein Steinchen in den Mund nimmt und verschluckt, ein Höchstaufgebot an Geduld. In der Erwachsenenwelt ist dieses Tun sinnlos. Es bringt weder Geld noch Ruhm noch Befriedigung. Weil auch ein Erwachsener nicht immer geduldig und verständnisvoll sein kann, ist es in so einem Fall viel besser, einen anderen Menschen um die Betreuung zu bitten, statt »wie auf Kohlen« neben dem Baby sitzen zu bleiben.

Die bunte Wäscheleine

Eine Wäscheleine wird zwischen zwei Bäumen gespannt und mit vielen bunten Krepppapierstreifen und Geschenkbändern geschmückt. Wenn ein leichter Wind aufkommt, setzen Sie sich mit dem Baby auf dem Schoß ins Gras und bewundern zusammen das bunte Schauspiel. Wer will, hängt zusätzlich noch ein paar »Geräuschemacher« an die Leine, z. B. kleine Glöckchen, Schlüssel oder Muschelketten.

Der Sommerschlitten

Eine alte Decke wird auf der Wiese ausgebreitet. Während das Eskimobaby auf seinem Deckenschlitten Platz nimmt, greift sich der Erwachsene die Deckenkante, und schon geht's los.
Der »Schlittenhund« setzt sich erst langsam in Bewegung, damit der kleine Eskimo keine Angst bekommt. Aber dann darf der Schlittenhund immer schneller werden.
Was für ein Vergnügen!

Hoch oben am Himmel

An einem warmen Sommertag in der Wiese oder in einer Hängematte liegen, ganz eng an die Mama oder den Papa gekuschelt, und hinauf zum Himmel schauen. Das wunderbare Gefühl, den Menschen neben sich ganz allein für sich zu haben.
Was bietet das Wolkenkino? Weiche, flauschige Wattewolken oder gewaltige Wolkenberge, die, wenn sie eine Weile betrachtet werden, Formen annehmen: Vielleicht erzählen Sie dem Baby eine kleine Geschichte.
Und Kleinkinder lieben es, ihre Fantasie spielen zu lassen: Sind das Tiere, Zwerge, Riesen, schmunzelnde Saurier, wütende Drachen?
Es gibt wohl keinen, dem es im Wolkenkino jemals langweilig geworden wäre, aber eine ganze Menge Erwachsene, die auch heute noch ab und zu ins Wolkenkino gehen, weil es sich dort so herrlich entspannen lässt.

Eine lustige Abwechslung auf dem Speisezettel

Gänseblümchen kann man getrost essen. Sie sehen im Salat oder auf dem Butterbrot ganz toll aus. Ein Butterbrot wird in kleine, babygerechte Stückchen geschnitten und jedes Stück mit einem anderen Belag (Frischkäse, Leberwurst, ...) bestrichen. Auf einigen Häppchen thront eine Gänseblumenblüte.

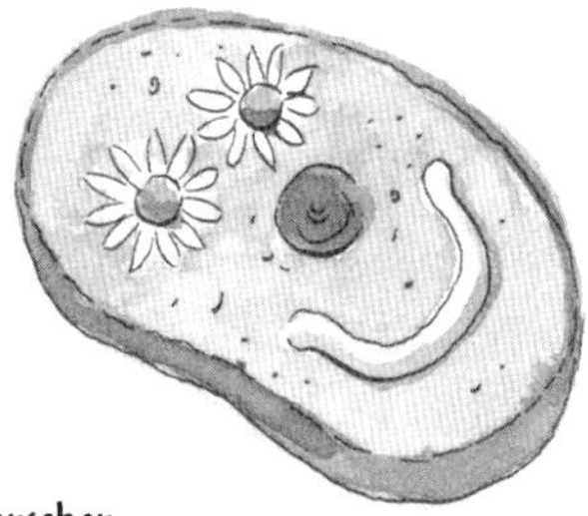

Blumenforscher

Schöne Blumen in leuchtenden Farben sind nicht nur eine Augenweide – sie sind auch interessant zu erforschen! Was passiert, wenn die Nase ganz tief in der Blüte steckt? Riecht toll – aber Vorsicht, es kitzelt! Vielleicht mögen die Blumen auch ein bisschen gestreichelt werden?

Es ist völlig in Ordnung, wenn das Baby einmal eine Blüte zerzupft. Schließlich möchte es doch wissen, wie sich das anfühlt und was da vielleicht im Blüteninneren versteckt ist!

Pusteblumen

Der Erwachsene pflückt eine Pusteblume und bläst so kräftig gegen die Samenfallschirmchen, dass sie durch die Luft wirbeln. Das Baby wackelt den Fallschirmchen nach und versucht, sie zu fangen ... oder zu vertreiben, wer weiß? Zwei- und Dreijährige werden gar nicht genug davon bekommen, selbst verblühten Löwenzahn zu sammeln und mit ein paar kräftigen Pustern die Schirmchen auf die Reise zu schicken.

Wasserballspiel auf dem Trockenen

Ein aufgeblasener Wasserball wird mit einer Schnur so an einen Ast gehängt, dass der Ball ungefähr fünfzehn Zentimeter über dem Boden baumelt.

Das Baby liegt auf einer Decke und kann mit den Füßen gegen den Ball strampeln.

Variante für Größere: Auf dem Boden werden Türme aus Bauklötzchen oder leeren Getränkedosen aufgestellt. Das Kind nimmt den Wasserball in die Hand und gibt ihm einen Stoß. Herrlich, wenn die Türme zusammenfallen! Wer schafft es, alle Türme auf einen Stoß zum Umstürzen zu bringen?

Herr und Frau Löffel

Mit einem Baby im Restaurant (oder bei Tante Erika) auf das Essen zu warten, erfordert vom Kleinen und von den Eltern eine Menge Geduld. Zur Unterhaltung gerade noch rechtzeitig erscheinen Herr und Frau Löffel. Die beiden stellen sich höflich vor, erzählen aus ihrem Le-

Wir gehen aus

Essen gehen mit Babys oder Kleinkindern ist Gewohnheitssache. Bleiben Sie cool! Nehmen Sie keine pingelige Großtante mit, sondern die verständnisvollen Freunde und deren Kinder. Achten Sie darauf, dass das Lokal Ihrer Wahl auf kleine Gäste eingerichtet ist. Nehmen Sie dennoch für alle Fälle einen Babygurt mit: oft sind die Sicherheitsgurte am Hochstuhl kaputt oder fehlen ganz. Babys unter einem Jahr werden am besten vorher – noch zu Hause – gefüttert, damit sie nicht quengelig werden, wenn's im Lokal doch ein bisschen dauert. Stecken Sie für den Notfall ein neues Spielzeug ein, z. B. ein kleines Plastikauto oder ein gut verschlossenes, durchsichtiges Filmdöschen mit bunten Perlen zum Klappern.

ben, hüpfen dabei auf dem Tisch herum, verstecken sich auch mal hinter der Speisekarte, schmatzen sich unter der Serviette lauthals ab und verabschieden sich just in dem Moment, in dem das Essen auf den Tisch gebracht wird.

Sightseeing

So eine kleine Sightseeing-Tour führt z. B.:

- abends durch die Nachbarschaft, wo man die beleuchteten Häuser (besonders in der Vorweihnachtszeit) bewundern kann;
- zu einer Baustelle in der Nähe, wo man den vielen Arbeitern und Fahrzeugen zuschauen kann und unzählige neue Geräusche wahrnimmt;
- mit dem Bus zur nächsten Haltestelle und von dort zu Fuß zurück; Kinder lieben Busse, Straßen- und U-Bahnen;
- zu einem Spielplatz in einem anderen Stadtviertel, wo alles ganz anders ist als auf dem Spielplatz um die Ecke. Vielleicht gibt es auch andersfarbige Rutschbahnen, andere Schaukeln ...
- zu einem Wochenmarkt, wo alles bunt und quirlig ist und es an jeder Ecke anders riecht;
- zu einer Sportveranstaltung der örtlichen Schulmannschaft. Babys schauen Kindern besonders bei schnellen Spielen gerne zu.

Und dann nichts als Stille ...

Nicht nur die lauten, fetzigen Unternehmungen machen einem Baby Spaß. Neben all dem Neuen, Bunten, Lauten braucht es auch Zeit für die kleine Stille zwischendurch.

Auf einem Baumstumpf im Wald ausruhen, ganz eng aneinander kuscheln, keinen Pleps mehr von sich geben und nur noch auf die Waldgeräusche achten: Blätter rauschen, Bienen summen, ein kleiner Bach plätschert, Vögel singen ... Was für eine Erholung für kleine und große Waldbesucher!

Bauchtaschen sind einfach praktisch

Eine Bauchtasche kann sehr nützlich sein. Darin können der Geldbeutel, die Autoschlüssel und vieles mehr untergebracht werden, und Sie haben beide Hände frei fürs Baby. Beim Einkaufen dient so eine Tasche auch als Notfall-Sicherheitsgurt oder als Rückenpolster im harten Kindersitz des Einkaufswagens.

Guck mal da!

Babys sind großartige Zuschauer. Egal, ob sie im Zoo der Riesenschildkröte beim Salatblätter-Mampfen zuschauen dürfen oder den Entchen beim Gründeln im Teich – Babys begeistern sich am Anblick von allem, was lebt, was sich bewegt und Geräusche macht.
Ein Besuch auf dem Spielplatz erfreut Babys sehr, auch wenn sie natürlich noch zu klein sind, um am abenteuerlichen Spiel der »Großen« teilzunehmen. Dafür kann es dem kleinen Zuschauer hier gar nicht heftig genug zur Sache gehen. Kinder, die laufen, klettern, schreien, die Rutschbahn runtersausen oder auf der Schaukel in den Himmel fliegen – nichts ist zu aufregend für das Baby. Ganz fasziniert schaut es zu und gibt nur ab und zu fröhlich glucksende Kommentare ab. Ein echtes »Highlight« für Babys!

Rutschbahn-Ball

Gibt es in der Nähe eine Rutschbahn, die zeitweise nicht von anderen Kindern in Beschlag genommen wird, ist die Zeit für »Rutschbahn-Ball« gekommen. Das Baby sitzt am unteren Ende der Bahn und Sie rollen den Ball nach oben. Sekunden später saust der die Rutschbahn runter, direkt in die Arme des Babys. Statt eines Balls darf natürlich auch mal der Teddy, die leere Nuckelflasche und was sonst noch so im Gepäck zu finden ist Rutschbahn fahren.

Mini-Zoo

Es muss ja nicht immer ein Affe oder ein Elefant sein, der das Kind in Staunen versetzt und zum Lachen bringt. Einem Baby ist das meistens völlig egal, und es amüsiert sich genauso, wenn der Zoo durch das Tiergeschäft in der Nachbarschaft ersetzt wird. Da darf es dann den Goldhamstern, den Kanarienvögeln und den bunten Fischen zusehen. Und wie es hier (tierisch) riecht! So ein Tiergeschäft ist eine Sensation für Babys Augen, Ohren und Nase.

Spielzeug im Auto mindert den Stress

Wer öfters mit dem Baby im Auto fährt, sollte eine bestimmte Rassel oder ein bestimmtes Plüschtier als »Autospielzeug« immer im Wagen lassen. Das Baby freut sich über das Wiedersehen, und die ersten anstrengenden Minuten mit Babysitz und Anschnallgurt sind schon vorüber.

9. Schnee von heute

Babys freuen sich über eine Schüssel mit echtem Schnee, in dem sie kurze Zeit ohne, dann mit Schneehandschuhen herummatschen können. Auch ein winziges Männlein aus echtem Schnee, das in einer Plastikschüssel zum Spielen »serviert« wird, ist ein tolles Erlebnis für das Baby. Und was für ein Wunder, dass diese weiße Masse mal an den Händen pappt, mal herunterrieselt, dann zu einer festen Kugel wird und schließlich zerrinnt!

Schneeberg

Zuerst schütten die Großen einen Schneehaufen auf, klopfen die Seiten fest und drücken von oben nach unten eine Straße mit vielen Serpentinen für kleine Spielzeugautos oder Murmeln ein. Das Baby schaut mit großen Augen zu, wie die Dinger den Schneeweg hinunter flitzen.
Kleinkinder dürfen die Autos, kleinen Bälle oder Murmeln selbst vom »Gipfel« aus starten. Gleich nochmal?

Schneerätsel

Vier kleine Gegenstände, die dem Baby vertraut sind, werden vor seinen Augen im Schnee verbuddelt: ein Spielzeugauto, dessen eines Rad aber noch aus dem Schnee herausguckt, eine Sandschaufel, deren Griff noch ein bisschen zu sehen ist, ein Schneehandschuh, ein Plastikpüppchen, ein Bauklotz, Sandförmchen usw. Dann wird das Kind gefragt, z. B.: »Wo ist das Auto?« Nach kurzer Zeit des Nachdenkens und genauen Betrachtens des Buddelgebietes wird das Baby anfangen, den gesuchten Gegenstand auszugraben.

Die Schneemaler kommen!

Giftfreie, verdünnte Fingerfarbe wird in leere, gründlich ausgespülte Spritzflaschen gefüllt.
Mit diesen Flaschen ausgerüstet, sucht sich der große Schneemaler eine schön verschneite Fläche aus und spritzt sein Bild, z. B. ein Auto oder eine Blume in den Schnee. Babys haben schon riesigen Spaß daran, die bunten Farbtupfer, Kringel, Kreise und »Würmer«, die da wie von Zauberhand im Schnee erscheinen, zu bewundern.
Variante: Wasser wird mit Wasserfarben oder Lebensmittelfarben gemischt und in kleine Spritzflaschen gefüllt. Das Kind darf dann wieder mit Hilfe eines Erwachsenen bunte Muster in den Schnee spritzen. Und anschließend werden die Kunstwerke – oder Teile davon – mit Schnee „weggewischt".

Lichter im Schnee

Tagsüber werden ein paar dicke Schneebälle gerollt und auf Zaunpfosten oder auf dem Balkongeländer so aufgestellt, dass sie vom Kinderzimmer aus gut zu sehen sind.
Sobald es dämmrig wird, höhlen Sie jeden Schneeball von oben her ein wenig aus, so dass ein Teelicht in der Mulde gut Platz findet. Die Lichter werden kurz vor dem Zubettgehen angezündet. Im Zimmer muss es natürlich dunkel sein, damit man den Lichtschein von draußen besser

genießen kann. Dann stellen Sie sich mit dem Baby auf dem Arm ans Fenster und träumen ein bisschen hinaus zu den Lichtern im Schnee. Ein romantisches, heimeliges Gefühl für die Großen, das sich auf das Baby überträgt.

Kälte ist gesund

Sie brauchen keine Angst zu haben: Kälte schadet keinem Baby - im Gegenteil: Es sollte möglichst oft an der frischen Luft sein. Und wenn Sie mal keine Zeit für einen längeren Spaziergang haben, hilft auch eine kräftige Durchlüftung des Zimmers oder der Mittagsschlaf - gut eingepackt, versteht sich - auf dem Balkon.

Schlitten fahren

Eine vergnügte Schlittenfahrt kann zur Abwechslung auch in einem gut gepolsterten, aufgeblasenen Planschbecken oder in einer ausrangierten Babybadewanne stattfinden. Natürlich saust das Kind damit keine Pisten runter - ältere Geschwister oder die Eltern ziehen oder schieben Baby durch die Schneelandschaft.

Der schnelle Schneemann

Die Form eines großen Schneemanns wird Schritt für Schritt in den frischen Schnee gestapft. Augen, Nase und Mund bekommt der kalte Riese entweder aus Steinen, oder das Gesicht wird ihm mit einem Stöckchen aufgemalt. Babys betrachten das Kunstwerk von Papas Schulter aus, Kleinkinder helfen bei der Bildgestaltung mit.

Spuren im Schnee

Die große Schwester oder der große Bruder stapfen eine Spur in den Schnee und verstecken sich am Ende des Weges. Der Erwachsene mit dem Baby folgt den Fußspuren aufmerksam durch die verschneite Landschaft, und beide suchen nach dem versteckten Familienmitglied. Kurz bevor die Suchmannschaft das Versteck erreicht, springt der Versteckte mit »Hurrah« hervor, und das Baby strahlt vor Freude über das Wiedersehen.

Schneekuchen

Wer Sandspielzeug besitzt, kann im Winter auch mal Schneekuchen backen. Vorausgesetzt, die Hände stecken in warmen, wasserdichten Handschuhen, wird sich so ein kleiner Bäcker sehr lange damit beschäftigen. Wer will, dekoriert die Schneekuchen noch mit kleinen Steinchen und Ästen oder spritzt sie mit gefärbtem Wasser bunt an.

Das Vogelrestaurant

Babys sind prima Zuschauer, und eine Schar Vögel kann ein kleines Kind für lange Zeit unterhalten.
Zur Eröffnung des Vogelrestaurants wird einfach ein Brett auf einen Pfahl, den Fenstersims oder auf eine andere Erhöhung gestellt und mit Vogelfutter bestreut. Das Restaurant muss natürlich so gelegen sein, dass das Kind dem Treiben vom Haus aus gut zuschauen kann.

Das Wettrodeln für Kuscheltiere

In einen Schuhkarton ohne Deckel wird das Lieblingskuscheltier gesetzt. Da das Ganze etwas feucht zugeht, ist es ratsam, den kleinen Liebling in einen »Schneeanzug« (Plastiktüte) zu stecken. Dann braucht es noch einen Schneeberg, auf dem die »Abfahrtsstrecke« mit den Händen oder einer Sandschaufel platt geklopft wird. Jetzt kommt der Pappschlitten auf die »Bergstation«, wird vom Baby oder vom Erwachsenen leicht angeschubst, und schon saust das Kuscheltier zu Tal.
Für Kleinkinder können Sie auch am Schuhkarton auf einer Seite eine lange Schnur befestigen, die am anderen Ende zu einer Schlinge verknotet wird: So kann das Kind den Pappschlitten hinter sich herziehen und einen Schneespaziergang mit dem fürsorglich zugedeckten Lieblingskuscheltier unternehmen.

Schatzsuche im Schnee

Sind für den nächsten Tag heftige Schneefälle angekündigt, sammeln Sie etwa fünf verschiedene, wasser- und kälteunempfindliche Dinge und verteilen sie draußen im Garten. Das kann z. B. eine bunte Plastikflasche sein oder ein Sandeimerchen. Ja, und jetzt soll es ruhig ordentlich schneien, damit die »Schätze« unter der weißen Decke verschwinden. Am nächsten Tag machen Sie sich mit dem warm eingepackten, kleinen Schatzgräber auf und suchen nach den Schätzen. Was für ein »Hallo«, wenn ein Ding nach dem anderen aus seinem weißen Versteck hervorgeholt wird!

Babys kühlen leicht aus!

Zwar ist frische Luft gesund, aber die Kleinen kühlen auch schnell aus. Achten Sie also immer auf wärmende Kleidung. Bei manchen Babys wird das Aufsetzen einer Mütze oder das Anziehen von Handschuhen zum Geduldspiel. Notwendig sind sie aber trotzdem. Und zumindest bei den Handschuhen sorgen die Bänder, an denen die Fäustlinge befestigt sind, dafür, dass nichts verloren geht.
Auf keinen Fall dürfen Sie von Ihrem eigenen Kälte- und Wärmeempfinden auf die richtige Wohlfühltemperatur für Ihr Kind schließen. Es hat noch nicht so viele Reserven wie ein Erwachsener.

10.
Lustige Zappelspiele

Wie bei allem Wertvollen im Leben ist auch ein Lachen am schönsten, wenn man es teilt. Und wenn Sie ein lustiges Fingerspiel anbieten, wird Ihr Kleines bald mitmachen. Erst zeigt es Interesse an den eigenen Bewegungen der Finger, der Hände, der Füßchen. Ein bisschen später ahmt das Baby schon einfache Finger-Vorgaben der Erwachsenen nach. Und dann kommt die Zeit, wo es von den kleinen Theaterstücken mit gereimten Texten gar nicht genug bekommen kann.

Zappelwürmer

Zappelwürmer werden dem Baby direkt auf dem Tischchen des Hochstuhls serviert. Weil sie aus Wackelpuddingmasse bestehen, sind sie meistens grün, aber es sollen auch schon rote und gelbe Exemplare gesichtet worden sein. Die Wackelwürmer dürfen gegessen werden, aber noch viel mehr Spaß macht es, wenn man sie mit den Händen anhebt und die kalten, daumenlangen Tiere durch die Finger gleiten lässt. Sie zippeln und zappeln freundlich herum und nehmen es nicht mal übel, wenn das Baby sie in die Länge zieht oder ihnen ein Stück abbeißt.

Den Wackelpudding mit weniger Wasser herstellen als auf der Packung angegeben und die fest gewordene Masse in fingerdicke und daumenlange Würmer schneiden.

Steigt die Lilly auf den Baum

Dies ist ein kleines Spiel, das je nach Alter des Kindes mit begleitenden Gesten ausgeschmückt wird. Wichtig ist auch, dass die Eltern den Vers oft genug und ganz langsam vorsprechen. Dem Baby wird das gar nicht langweilig. Im Gegenteil: Je öfter es den Vers hört, umso spannender, denn dann weiß es meistens schon, wie's weitergeht. Bald merken die Eltern, dass das Baby versucht, die Bewegungen nachzuahmen.

Steigt die Lilly* auf den Baum,
hoch hinauf, man glaubt es kaum.
Springt von Ast zu Ästchen,
guckt ins Vogelnestchen,
ja, da lacht es –
hui, da kracht es,
bums, da liegt sie unten.

** jeweiligen Namen einsetzen!*

Schattentheater

Wer für Babys ein Schattentheater aufführt, braucht keine perfekten Bilder an die Wand zu werfen. Es genügt völlig, zwischen einer Lichtquelle und einer Wand mit den Fingern oder der ganzen Hand einfache Fantasiefiguren tanzen zu lassen. Die Abwechslung zwischen langsamer und schneller Bewegung lässt die Babys schon erstaunen. Wer will, kann noch das berühmte Schnabelkrokodil vorbeiziehen lassen oder mit Zeigefinger und Mittelfinger ein Häschen mit langen Löffeln darstellen.

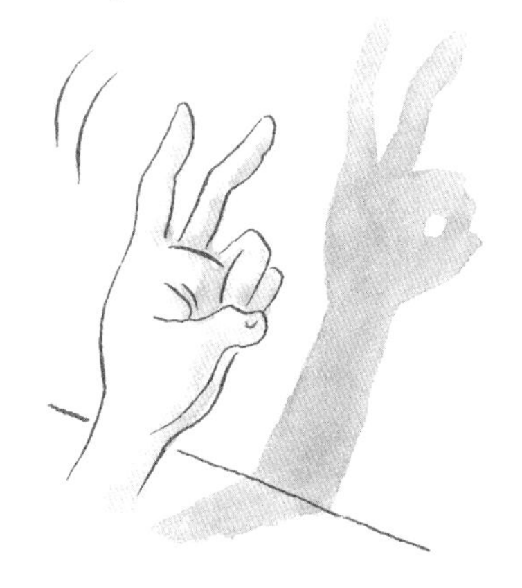

Geduld, Geduld!

Haben Sie Geduld! Babys sind nicht so schnell! Brechen Sie also ein Spiel nicht gleich wieder ab, nur weil das Kind nicht sofort reagiert. Gerade bei den Fingerversen und Zappelspielen werden Sie feststellen, dass Ihr Baby das Ganze nicht oft genug hören und sehen kann.

Familie Maus

Erst kommt der Mäusepapa,
dann kommt die Mäusemama,
und hintendrein, wunderwitzig klein,
alle Mäusekinderlein!

Dieser Vers wird mit Fingerkrabbeln auf dem Babyarm begleitet: Der Mäusepapa geht langsam und gewichtig den Babyarm hinauf. Mama Maus läuft schon ein bisschen schneller. Die Mäusekinder aber krabbeln blitzschnell den Arm hinauf, so dass es schrecklich kitzelt. Wiederholen Sie diesen Vers immer wieder! Babys lieben und brauchen die Wiederholung. Bald werden Sie feststellen, dass das Baby schon lachen muss, bevor es kitzelt!

Der Klimperhandschuh

Ein ausrangierter, bequemer Fingerhandschuh spielt die Hauptrolle bei diesem akustischen Ereignis.

Zuerst sammeln alle Familienmitglieder möglichst viele kleine Dinge, die Geräusche machen und die man an die Spitzen der Handschuhfinger nähen kann, z. B. kleine Glöckchen und Schellen (Kaufhaus), dicke Holzperlen, glitzernde Knöpfe aus Metall, Fingerhüte ... Dann streifen Sie sich den Klimperhandschuh über die Hand und zappeln damit vor dem Baby hin und her, auf und ab, mal ganz langsam, damit die Klingelgeräusche kaum zu hören sind, dann auch mal ganz heftig, dass es richtig scheppert. Das Baby wird der Bewegung der klingelnden Hand begeistert folgen.

Tierisch lustig

Auch für dieses Zappelspiel brauchen Sie einen ausrangierten Fingerhandschuh, auf dessen Rücken ein kleines Stofftier, z. B. ein Frosch oder eine Maus, genäht wird. Dann ziehen Sie sich das Ding über die Hand, und los geht der Spaß! Zuerst krabbelt das Tierchen ein bisschen um das Baby herum, zappelt dabei mit den Handschuhfingern und gibt tierische Geräusche von sich. Plötzlich wird das Tier frech und krabbelt den Arm des Babys hoch, schnuppert an der Windel, kitzelt den Babybauch und verteilt laute, schmatzende Küsse.

Die Fingerzwerge

Wer einen Stift zur Hand hat, malt schnell auf die Kuppe seines linken Zeigefingers Augen, Knubbelnase und einen lachenden Mund – fertig ist Kurt, der Fingerzwerg. Kurt beginnt sogleich, dumme Faxen zu machen: quäkt in einer seltsam komischen Weise und sucht ganz verzweifelt seine Freundin Karla. Na, wo wird die schon sein? Auf dem Zeigefinger der kleinen Maus hat sie sich versteckt. Schnell wird auf dem kleinen Zeigefinger das Karla-Gesicht gemalt, und schon können zwei Fingerzwerge miteinander spielen.

Hoppe Reiter

Hoppe hoppe Reiter,
wenn er fällt, dann schreit er,
fällt er in den Graben,
fressen ihn die Raben,
fällt er in den Sumpf,
macht der Reiter plumps!

Dieses alte Kniereiterspiel hat über all die Jahre nichts von seiner Faszination eingebüßt. Schon Babys mit drei Monaten macht es Spaß, und selbst die Größeren fragen noch danach; z. B. wenn sie krank sind und besonders viel Zuwendung brauchen. Das Kind sitzt auf den Knien des Erwachsenen. »Reiter« und »Pferd« halten sich fest an den Händen, und dann wird immer wilder geritten, bis am Schluss auf das Wort »plumps« der Erwachsene seine Knie öffnet und das Kind zwischen den Beinen ein Stück weit hinunterrutschen lässt. Vorsichtigen Babys spielt man das Ganze erstmal mit dem Teddybären auf dem Schoß vor.

Das Eisenbahnlied

Tschu, tschu, tschu die Eisenbahn,
Wer will mit zur Oma fahrn,
alleine fahren mag ich nicht,
da nehm ich mir die Mami (den Papi, die Anna, den Christoph) mit.
(überliefert)

In jeder Strophe wird ein weiterer Name als Wagen hinten am Zug angehängt und entsprechend in der letzten Zeile genannt. Während der Vers aufgesagt wird, bewegt der Erwachsene die beiden Babyarme abwechselnd vor und zurück, immer schneller und schneller.

Variante: Ein Spiel für möglichst viele wird daraus, wenn Sie tatsächlich eine Gruppe von Kindern um sich haben (z. B. auf einem Geburtstag oder in der

Nobody is perfect

Keine Mutter und kein Vater kann ernsthaft von sich behaupten, in Erziehungsangelegenheiten noch nie einen Fehler gemacht zu haben. Fehler gehören dazu. Auch das Baby nimmt keinen Schaden, wenn ab und zu etwas schief läuft. Sehen Sie die Sache locker und denken Sie daran, dass jeder Fehler, den Sie sich eingestehen, Folgefehler verhindert.

Kita), die dann der Reihe nach hintereinander gesetzt oder gestellt werden und sich an den Ellenbogen fassen und sie rhythmisch bewegen.

Harry Handschuh

Auf die »Handfläche« eines ausrangierten Fingerhandschuhs wird mit einem dicken Filzstift ein großes, lachendes Gesicht gemalt, und schon ist Harry Handschuh geboren. Der freche Kerl macht allerlei Quatsch, singt laut und falsch, kitzelt leidenschaftlich gerne Babyfüße, erzählt kleine Geschichten und ist immer guter Laune.

Das ist der Daumen

Das ist der Daumen
Daumen wackelt
der schüttelt die Pflaumen
Zeigefinger wackelt
der hebt sie auf
Mittelfinger wackelt
der bringt sie nach Haus
Ringfinger wackelt
und der kleine Schlingel isst sie alle auf!
Kleiner Finger wackelt besonders lang und heftig

11. Spielzeug und Spaßzeug

Spielen ist für ein Baby mehr als nur Spaß. Spielen ist der Schlüssel zum Leben. Nie wieder macht der Mensch so viele körperliche, geistige und soziale Wachstumsschritte wie in der Babyzeit. Während das Kind wächst, braucht es Spielsachen und Spielkameraden, die zu seinen ständig veränderten Fähigkeiten passen. Spielen Sie mit und haben Sie Spaß, denn »der Mensch ist nur da ganz Mensch, wo er spielt.« (Schiller)

Das Seifenblasen-Erlebnis

Seifenblasen sind ein wunderbares Spielzeug für Kinder jeden Alters. Schon Babys staunen über die zarten, bunt schillernden Schwebebälle. Pusten Sie die Seifenblasen so, dass sie an dem Gesicht des Babys vorbeischweben und das Kind den Seifenblasen nachschauen kann! Krabbelkinder haben Spaß an größeren Blasen, denen sie hinterher jagen können. Große Seifenblasen erhält, wer entweder ganz langsam und vorsichtig in die Schlinge bläst oder das Stäbchen langsam vertikal durch die Luft zieht. Die Seifenblasenflüssigkeit nach dem Spielen wieder sorgfältig wegräumen!

Kisten sind kleine Ordnungshelfer

Einem Kleinkind ist geholfen, wenn das Spielzeug in Rubriken wie Mal- und Bastelsachen, Bausteine, Playmobil usw. in einzelnen Kisten verstaut wird und das Kind jeden Tag eine Kiste aussuchen darf. Ein weiterer unschätzbarer Vorteil: Beim gemeinsamen Aufräumen finden Sie gleich den richtigen Platz

Die super leisen, praktischen Schwammklötze

Nagelneue, bunte Schwämme in verschiedenen Größen eignen sich vortrefflich als Bauklötze. Man kann die Dinger sogar noch besser aufeinander stapeln als ihre hölzernen Brüder, und selbst nach dem hundertsten Turmsturz beschwert sich die lärmempfindliche Nachbarin immer noch nicht.

Tastkette für Babys

Für Babys ab vier Monaten ist eine Tastkette ein abwechslungsreiches und lehrreiches Spielzeug. Spannen Sie eine Schnur quer über den Kinderwagen oder das Bettchen. An die Schnur hängt man verschiedene Gegenstände, die klein genug sind, dass sie ein Babyhändchen gut fassen kann. Die Gegenstände sollten von unterschiedlicher Beschaffenheit sein, damit das Tasten der verschiedenen Oberflächen zum Erlebnis wird. Gut eignen sich: ein kleines Schwämmchen, ein Löffel, eine Rolle Tesafilm, ein Schnuller, ein Stück Stoff oder Pelz, ...

Spielzeug im Härtetest

Die folgenden Regeln sollten Sie beachten, dann kann Ihr Kind loslegen. Und nie vergessen: Das allerliebste »Spielzeug« für Ihr Kind sind immer Sie!

- *Verlassen Sie sich nie hundertprozentig auf amtliche Prüfsiegel, was Kindersicherheit von Spielzeug angeht! Ihr Baby ist ein wahrer Experte im Auseinandernehmen, und Sie kennen seine Fähigkeiten am besten!*
- *Lassen Sie Kinder unter vier Jahren nicht mit Dingen spielen, die kleiner sind als seine Faust: es ist unglaublich, was Kinder alles verschlucken oder in Ohr und Nase stecken können.*
- *Spielzeug mit scharfen Kanten vermeiden!*
- *Geben Sie Ihrem Kind kein Spielzeug, von dem Kleinteile abbrechen könnten.*
- *Nur ungiftige, bleifreie und speichelfeste Farben gehören auf Kinderspielzeug. Lassen Sie sich das vom Verkäufer garantieren. Billigspielzeug erfüllt diese Forderung meist nicht.*
- *Kinderspielzeug muss oft gewaschen werden und sollte das auch aushalten, ohne seinen Glanz zu verlieren.*
- *Geben Sie Ihrem Kind nie etwas mit Schnüren und Bändern zum Spielen.*
- *Achten Sie darauf, dass Plüschtiere nicht leicht aufzureißen sind. Für manche Babys ist das Innenleben interessanter als das kuschelige Äußere. Styroporkügelchen und Schaumgummischnipsel sind aber kein Spielzeug für Kleinkinder!*
- *Plastikverpackungen gehören nie in die Hände eines Babys! Es sind schon Kinder daran erstickt! Lassen Sie ein Baby oder Kleinkind nie mit einem Luftballon allein!*
- *Babys sind fasziniert von aufblasbarem Spielzeug, weil es sooo groß und doch so leicht ist. Auf Reisen ist so ein aufblasbares Tier eine große Hilfe! Vorsicht aber vor Luftballons! Kleine Kinder erschrecken furchtbar, wenn der Ballon platzt, und weinen, wenn sich der Bursche in nichts auflöst. Ganz davon abgesehen, könnte es die »Luftballonscherben« in den Mund stecken und daran ersticken.*
- *Stofftiere, die man nicht in der Waschmaschine waschen kann, sind unpraktisch. Wer aber doch so ein Tierchen hat (meistens ein Geschenk von kinderlosen Menschen), kann es mit Trockenshampoo sauber bekommen.*

Die Nachzieh-Kullerdose

So ein Nachzieh-Spielzeug können auch handwerklich unbegabte Menschen blitzschnell selber basteln. In eine Plastikdose (z. B. von Federbällen) wird oben in die Mitte des Deckels und unten in den Boden jeweils ein nicht zu kleines Loch gebohrt. In die Dose füllt man eine Hand voll bunter Holzperlen oder Murmeln, zerknüllte Papierbällchen aus glitzerndem Bonbonpapier ... Dann wird eine dicke Schnur von etwa 1,5 m Länge durch die Löcher gefädelt und verknotet. Den Deckel anschließend ganz fest mit stabilem durchsichtigem Klebeband verschließen. Ein tolles Nachzieh-Spielzeug ist entstanden. Die kleinen Kügelchen tanzen um die Wette, wenn das Kind die Rolle hinter sich herzieht.

Tipp: Tauschen Sie ab und zu den Inhalt der Rolle aus!

Die Spielzeug-Hitliste für Babys

- eine Krabbeldecke
- allererste Bilderbücher, sehr beliebt sind selbst gestaltete Bücher. Dazu klebt man große Bilder von einfachen, bunten Dingen, die das Kind schon kennt, in ein leeres Buch oder Schulheft. Fotos von Familienmitgliedern mögen Babys besonders gern. Hier aber lieber nur Fotos von Gesichtern und nicht »Tante Hedwig beim Bocciaspielen«.
- Bauklötze aus Holz oder Plastik
- Rasseln (Babys bevorzugen leichte Plastikrasseln, Erwachsene kaufen lieber Holzrasseln)
- Musik, egal ob Mozart oder U2, jedoch am besten die Musik, die das Baby schon im Mutterleib gehört hat.
- ein unzerbrechlicher Spiegel
- kleine, weiche Bälle
- Teddy (nicht zu groß und von sehr guter Qualität)
- Mobiles, am besten selbst gemachte und veränderbare
- Plastikeimer, Schaufel und Förmchen
- Handpuppe oder Fingerpüppchen
- Nachziehtier
- Etwas mit Rädern, egal ob ein Auto oder eine Ente

Platz zum Spielen

Kinder brauchen Platz! Nichts ist so nachteilig für die Entwicklung von Fantasie und Kreativität eines Kindes wie ein Zimmer vollgestopft mit Spielsachen. Babys sind hoffnungslos überfordert und spielen höchstens das »Spielsachen-auf-den-Boden-plumps-Spiel«.

Am besten können Eltern den Raum beurteilen, wenn sie sich einmal mitten im Kinderzimmer auf den Boden setzen und sich in Ruhe umsehen! Wie viele Dinge befinden sich hier, die eigentlich nicht unbedingt in diesem Zimmer sein müssten?

Wie viele Spielsachen verstauben hier im Regal, mit denen das Baby so gut wie gar nicht spielt? Der rosarote Monsterbär von Tante Berta sitzt gelangweilt in der Ecke, nimmt Tag für Tag wertvollen Spielraum weg und das nur, weil man die Tante nicht beleidigen will? Räumen Sie aus!

Ideale Spielsachen wachsen mit

Die tollsten Spielsachen kann das Kind immer wieder in jedem Alter zum Spielen verwenden. Es sind Dinge wie: Wäscheklammern, Tücher, Eimer, Kissen, Sand, Wasser, Steine ... Beim Kauf von Spielsachen immer an die Vielseitigkeit denken. Viel lustiger ist z. B. ein Teddy, mit dem das Kind in seiner Fantasie fast alles spielen kann oder ein Lastauto, das es mit Sand, Steinen oder Bauklötzen beladen kann.

Handspiegel

Ein kleiner, unzerbrechlicher Spiegel ist ein vortreffliches Spielzeug. Schon Babys staunen über ihr Angesicht oder zumindest über das Glitzern des Spiegels. Größere Kinder können sich eingehend betrachten, nachzählen, ob noch alle Zähne da sind, die dicken blauen Adern unter der Zunge bewundern usw.

Spiegelmalerei

Ein großer Spiegel liegt auf dem Boden, und das Baby darf mit Fingerfarben das Spiegelbild bemalen. Später bekommt es einen kleinen, feuchten Schwamm, kann damit hier und da wieder ein bisschen Farbe wegwischen und freut sich über das freundliche Babygesicht, das da hinter dem Gemälde hervor strahlt.

Doppelgänger

Hat das Baby ein Kuscheltierchen besonders gern und schleppt es dieses überall mit, wird es höchste Zeit, einen Doppelgänger dafür zu kaufen und ihn an einem geheimen Ort für Notfälle zu deponieren. Das allerliebste Kuscheltier zu verlieren, ist ein gewaltiger Schmerz für das Baby und oft für die ganze Familie. Ja, und wer erst jetzt loszieht, um das gleiche Tier noch irgendwo zu erstehen, hat es meistens schwer. Es gibt offensichtlich auch eine Kuscheltiermode – und dieses schlappohrige Monster, das jetzt unbedingt gebraucht wird und für das man ein Vermögen zu zahlen bereit ist, ist längst aus der Mode. Also: Kaufe in der Zeit, dann hast du in der Not!

Der Zauberkasten für Babys

Ein Baby hat grundsätzlich kein Verständnis dafür, dass die Mama fünf Minuten »Freizeit« braucht. Für solche Fälle bewährt sich ein »Zauberkasten«. Das ist eine Schachtel voller hochinteressanter Dinge, die das Baby nur in Ausnahmesituationen zum Spielen bekommt und mit denen es sich gefahrlos beschäftigen kann.

Material für den Zauberkasten: Garnrollen, leere Filmdöschen mit Deckel, ein kleiner, unzerbrechlicher Handspiegel, eine Taschenlampe, eine Muschel, ausrangierte Fotos ...

Türball

Ein aufgeblasener Strandball wird an einer Schnur in den Türrahmen gehängt. Er sollte ungefähr auf Schulterhöhe des Kindes baumeln.

So ein Türball ist ein netter Mitspieler, wenn sonst keiner Zeit hat. Man stupst ihn an, er schwingt davon, und man versucht ihn wieder einzufangen. So einfach!

Alles neu!

Naturgemäß wird sich ein Baby immer dem neuen Spielzeug zuwenden, weil es neugierig, grundsätzlich lernbegierig ist und alles Neue er-fassen, und be-greifen will. Darum ist es sinnvoll, die Spielsachen für das Baby einzuteilen, manchmal einige Dinge wegzuräumen, um sie eine Woche später wieder hervorzuholen. Das Kind wird sich mit der gleichen Begeisterung daran machen, das »neue« Spielzeug zu erkunden.

Ein weicher »Ball«

Babys fürchten sich vor dem schnellen, auch harten Ball.

Ersetzen Sie den Ball durch ein kleines (Puppen-) Kissen! Das Spielen macht genauso viel Spaß, und die Kinder lernen das Werfen und Fangen auf sanfte Art.

Spielzeug für draußen bleibt draußen

Alle Spielsachen für draußen, wie Bälle, Auto und Sandspielzeug, werden in einer witterungsbeständigen Kiste mit Deckel oder in einer Plastiktonne untergebracht. Das erspart das ewige Saubermachen, die Spielsachen halten länger, und trotzdem ist nach einem spielintensiven Tag wieder Ordnung im Garten!

Wer eine Etagenwohnung hat, kann vielleicht die Kiste vor der Eingangstür aufbewahren – dann bleibt zumindest der Dreck draußen.

12.
Weg! Versteckt!

Babys lieben Beschäftigungen, die etwas mit Zudecken und Aufdecken zu tun haben. Sie kreischen vor Wiedersehensfreude, auch wenn sie beim Verstecken nach der zehnten Spielrunde doch eigentlich wissen müssten, dass der Teddy unter dem Handtuch liegt.

Versteckt

Eines der allerersten Versteckspiele, das bereits Babys mögen, geht so:
Legen Sie beide Hände auf den Tisch, greifen Sie mit einer Hand ein winzig kleines Spielzeugauto oder einen anderen Gegenstand, der gut in die Faust passt, schließen Sie beide Hände und fragen Sie: *»Wo ist das Auto?«*
Erraten? Bravo!
Nach einer Weile kann man das Spiel erschweren und die Hände überkreuzen.

Ein großer Entwicklungsschritt

Etwa im Alter von neun Monaten machen die Babys eine erstaunliche Entdeckung. Galt bisher das Motto »Aus den Augen, aus dem Sinn«, so wissen sie jetzt um die Existenz einer Person oder eines Gegenstandes, auch wenn sie oder er gerade nicht zu sehen ist. Packt man beispielsweise vor den Augen des Babys den Teddy in einen Karton und fragt dann: »Wo ist der Teddy?«, wird das Baby den geliebten Freund im Karton suchen. Voilà, ein großer Entwicklungsschritt!

Wegversteckt!

»Wegversteckt« ist eines der ältesten und bekanntesten Kleinkinderspiele. Beim Wickeln klappt die Oma eine Ecke des Handtuchs über das Babygesicht und begleitet das mit erstauntem (aber nicht ängstlichem) Reden: »Oh, der Tim ist weg, Guckguck, wo ist mein Tim?« Sollte das Baby von sich aus nichts unternehmen, zieht ihm die Oma vorsichtig das Tuch weg und ruft glücklich: »Da ist der Tim.« Sie zeigt, wie glücklich sie ist, dass sie das Baby gefunden hat, mit einem Lachen und einem dicken Kuss. Spätestens nach ein paar Spielrunden spielt das Baby selbst mit und kann sich kaum beherrschen unter dem Tuch vor Lachen und Glucksen, bis es sich dann eines Tages selbst das Tuch vom Gesicht zieht und sagt: »Da is!«

Eine Höhle im Kinderzimmer

Babys lieben es, in höhlenähnlichen Winkeln zu spielen. Wer keine Höhle aus Möbelstücken bauen kann (z. B. Tisch mit bodenlanger Decke), behilft sich mit einem Riesenkarton, den man beim Elektrohändler bekommen kann.
In die Seitenwände werden Fenster

Ich bin eine eigene Person

Wird »Verstecken« mit Personen gespielt, lernt das Kind verstehen, dass es eine eigene Person ist und nicht, wie bisher angenommen, ein Teil der Mama. Gleichzeitig mit dem »Verschwinden« der geliebten Person und dem glücklichen Wiedersehen entwickelt das Kind Urvertrauen: »Mama ist weg, aber gleich ist sie wieder da. Sie lässt mich nicht allein.« Im Laufe der Zeit können die Phasen des »Versteckseins« auch ruhig ein bisschen länger werden.

geschnitten, eine Tür darf natürlich auch nicht fehlen. Das Höhleninnere wird mit Decke, Kissen und Taschenlampe gemütlich eingerichtet. Jetzt müsste bloß noch der »Room-Service« mit einem warmen Kakaofläschchen vorbeikommen!
Weitere »Höhlen«:

- ein kleines Zelt im Kinderzimmer
- Mehrere Kartons werden im Viereck aneinander geklebt. Als »Höhlendach« dient ein dünner, breiter Schal oder ein kleines Bettlaken
- ein Tunnel aus Stoff
- ein ausgeräumtes Schrankelement

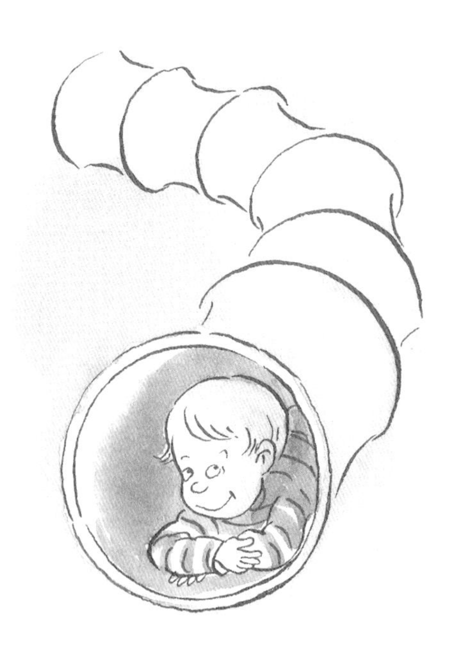

Komplett versteckt!

Für die Kleinen ist es ein Hochgenuss, wenn sie sich verstecken dürfen und die Mama ganz verzweifelt sucht und immer wieder ruft: »Wo ist denn mein kleiner Schatz?« Oftmals muss das Baby so lachen, dass es sich in seinem Versteck einfach nicht mehr halten kann und der Mami glucksend zu erkennen gibt: »Da is.« Wenn dann die Rollen getauscht werden und sich die Mami versteckt, so sollte wenigstens ein Mamibein hinter der Tür hervorschauen, oder die Mamifüße blinzeln unter der Bettdecke hervor – sonst könnte das Kind vielleicht doch Angst bekommen, die Mami sei für immer verschwunden. Wenn die Mami entdeckt wird, begleitet mit glücklichem »Da is«, gibt es einen dicken Kuss für den Finder.

Ein bisschen Mut tut gut

Ein kleines Kind, das sich hinter den Sessel in sein Versteck hockt, zeigt Mut. Es ist gar nicht so einfach, das Alleinsein auszuhalten! Gleichzeitig zeigt das Kind, dass es wieder ein kleines Stück Weg zur Selbständigkeit gegangen ist.

Suchen und finden

Drei Spielzeuge, die das Baby besonders gern hat, werden vor seinen Augen in einem Zimmer versteckt, in dem sonst

keine Babyspielsachen zu sehen sind, z. B. im Schlafzimmer der Eltern. Der Teddybär wird hinter den Vorhang gesetzt, das kleine rote Auto unter den Sessel geschoben und die Lieblingsrassel unter der Zeitung versteckt.
Jetzt fragt man das Baby z. B.: »Wo ist das rote Auto?« »Findest du das rote Auto?« Wenn es klappt und das Baby zum Versteck des roten Autos krabbelt, gibt es ein großes Lob. Dann werden nacheinander auch noch die anderen Dinge aus ihren Verstecken geholt.

Überraschung!

Die Welt ist voller Versteckspiele! Ganz egal, ob das Baby das bunte Papier von einem Geschenk reißt, eine Schachtel öffnet und darin sein grünes Holzauto entdeckt, ein Handtuch ausrollt und in der Mitte das warme Fläschchen findet: Überall wird Verstecken gespielt! Sogar das spannende, wenn auch etwas komplizierte »Ausziehen« einer Mandarine oder einer Banane hat den aufregenden Reiz eines Versteckspiels.

Das Spiegelversteck

Ein Spiegel wird in Schulterhöhe des Kindes an der Wand befestigt. Das Besondere daran ist ein kleiner undurchsichtiger Vorhang, der die Spiegelfläche bedeckt. Das Baby hebt den Vorhang an: »Guckuck!« und sieht sein Spiegelbild.

Die schlechte Laune wird versteckt

Ein schlecht gelauntes Baby strahlt meistens gleich wieder, wenn man ein kleines Versteckspiel veranstaltet. Legt die Mama z. B. ihren dünnen Seidenschal über das schreiende Babygesicht, hebt dann den Schal an und ruft »Guckuck!«, gluckst das Baby wieder glücklich.

Babybücher

Was hat ein Buch mit dem »Versteckspielen« zu tun?
Wer einem Baby eine Weile zuschaut, wie es sich allein mit dem Buch beschäftigt, wird merken, dass es zuerst die Mechanik ist, die das Kind interessiert. Ich schlage eine Seite um. Da ist der Frosch. Ich schlage zurück, und weg ist der Frosch. Wo ist der Frosch? Da!
Bei der Auswahl der ersten Bilderbücher darauf achten, dass sich die Dinge auf den einzelnen Seiten deutlich in Farbe und Form voneinander unterscheiden.

Wilde Babyjagd

Die einfachsten Spiele sind bei Babys und Kleinkindern fast immer die beliebtesten. Bei der wilden Babyjagd läuft oder krabbelt das Kind davon, und der Erwachsene versucht, es zu fangen. Natürlich gelingt ihm das nicht gleich, und das Kind läuft quietschend vor Freude durchs Zimmer. Ganz nebenbei schult dieses Spiel das Wahrnehmungsvermögen des Babys, denn nicht immer wird so eine Jagd auf einer weiten Wiese stattfinden, sondern eher im Wohnzimmer, und dort heißt es: Möbelstücke wahrnehmen und ihnen trotz des Vergnügens ausweichen, damit die Jagd nicht gleich wieder zu Ende ist.

Die Versteckdose

In den Plastikdeckel einer Kaffeedose wird mit einer spitzen Schere ein Loch geschnitten. Dann versteckt man einen dünnen, bunten Schal in der Dose, verschließt sie mit dem Deckel und lässt eine Ecke des Schals herausschauen. »Was versteckt sich in der Dose?« Gleich mal nachschauen! Das Baby zieht und zieht, bis der ganze Schal aus der Dose geschlüpft ist. Ein tolles Spiel, vor allem wenn sich der Doseninhalt immer mal wieder ändert. Einmal ist vielleicht ein buntes Geschenkband darin versteckt, einmal ein weicher Stoffgürtel, ein Maßband oder ein bunter Wollfaden.

Der Trick beim Pulloveranziehen

Babys hassen es, wenn man ihnen enge Pullis über den Kopf zieht. Gewöhnen Sie dem Kind an, in diesem Fall »Guckuck!« zu sagen. Sie sagen natürlich ebenfalls »Guckuck!« und strahlen dabei das Baby an. Dadurch bekommt diese Aktion die Leichtigkeit des Versteckspiels, Baby wird nicht sauer, und schon ist alles vorbei.

Variante: Was für ein tolles Zauberkunststück: Aus Mamas Ärmel spitzt ein winziger Zipfel Tuch hervor und wenn man daran zieht und zieht und zieht, wird das Ding immer länger – und schwups, kommt ein bunter Schal zum Vorschein.
Wieder ein Grund für den kleinen Zauberer, um vor Freude zu strahlen.

Der Zauberkarton

Für dieses Spiel braucht man einen möglichst würfelförmigen Karton, dessen Laschen man mit breitem Paketband zuklebt. Auf eine Seite des Kartons klebt man ein buntes Bild, z. B. ein Bild vom Teddy. Das Baby betrachtet das Bild, dreht den Karton herum und erkennt, dass der Teddy »versteckt« ist. Aber kaum dreht man den Karton auf die richtige Seite, ist der Teddy wieder da, und das Baby strahlt vor Freude. So geht das eine Weile, bis das Kind erkennt, dass ein Ding, das gerade nicht zu sehen ist, keineswegs für immer verschwunden ist. Es dreht mit der gewonnenen Erkenntnis selbstsicher den Karton so lange herum, bis das Bild wieder da ist.

Das Versteckspiel an der Schnur

Eine möglichst bunte, dicke Schnur oder ein farbiges Geschenkband wird an ein Spielzeug gebunden, vielleicht an Babys Lieblingsrassel.

Zusammen mit dem Kind versteckt der Papa die Rassel z. B. unter einem Sessel und legt die Schnur auf den Boden. Dann zieht er langsam an der Schnur und »Hurrah«, die Rassel kommt tatsächlich unter dem Sessel hervorgekrochen! Was für eine Überraschung! Klar, dass man das Versteckspiel jetzt gleich noch ein paar Mal durchführt, bevor der Papa dann heimlich den Gegenstand an der Schnur austauscht. Großes Erstaunen beim Baby: Was ist jetzt los? Da kommt doch glatt das rote Holzauto unter dem Sessel hervor! So ein Versteckspiel kennt keine Grenzen und bleibt immer spannend.

Die Bilderdose

Eine möglichst große, leere, runde Dose wird außen herum mit bunten Bildern beklebt. Dann setzt man der Dose ihren Deckel auf und klebt ihn fest. Das Baby rollt die bunte Dose auf dem Boden und betrachtet die Bilder. Nach einiger Zeit fragt die Mama nach einem bestimmten Bild, z. B.: »Wo ist der Teddy?« Das Kind dreht die Dose mit der Hand, bis der Teddy erscheint. Das Baby freut sich über das Wiedersehen mit dem Teddy, und seine Mama freut sich über den großen Schritt in der geistigen Entwicklung ihres Kindes.

13. Von morgens bis abends

Morgenstund hat nicht nur Gold im Mund, sondern ist auch aller Späße Anfang: Welche Wonne, wenn das Baby morgens ganz sanft wach massiert wird und die Mama jeden Körperteil einzeln begrüßt: »Guten Morgen, große Zehe«, »Guten Morgen linkes Ohr!« …

Guten Morgen, liebe Füße

Guten Morgen, liebe Füße!
Wie heißt ihr denn?
Das ist das Hampelchen,
Und das ist das Strampelchen.

Dieser Vers wird am Morgen beim Wickeln gesprochen. Dazu begrüßt die Mama freundlich beide Babybeine und kitzelt am Schluss die Füßchen.

Strampelfüße

Die eigenen Füße sind für Babys sehr interessant. Noch mehr Spaß beim Strampeln hat es, wenn:

- jeder Fuß in einer andersfarbigen Socke steckt;
- an den Söckchen kleine Glöckchen oder andere Geräuschemacher befestigt sind und beim Strampeln dann auch noch klingeln und klappern;
- auf den Füßen Handpuppen stecken (z. B. Socken, die mit Gesichtern bemalt sind);

Der Zauberlöffel

Dass sich der Löffel beim Füttern zur Freude des Babys ab und an mal in ein Flugzeug verwandelt, das mit entsprechenden Geräuschen, Ab- und Aufwinden in Richtung Babymund fliegt, kennt man ja, aber so ein Löffel kann noch mehr! Einmal verwandelt er sich in eine Biene, die mit entsprechendem Summen im Schälchen Nahrung baggert und sich dann sofort auf den Weg macht, das köstliche Gut im Bienenstock, sprich Babymund zu verstauen. Ein andermal wird der Löffel als Pfeil abgeschossen, leider erstmal ziemlich weit am Ziel vorbei, aber dann genau in die Mitte! Der Zauberlöffel verwandelt sich in einen Schmetterling, der eine ganze Weile um den Babymund herum schaukelt, bevor er sich sanft niederlässt, dann wird er

Rituale für Babys

In dieser großen Welt voller Überraschungen und neuer Eindrücke ist es wunderbar für ein Baby, wenn es bestimmte, immer wiederkehrende Dinge gibt, die den Tag strukturieren und Geborgenheit und Sicherheit geben. Morgens begrüßt Mama oder Papa das Baby freundlich, nimmt es auf den Arm und zieht »gemeinsam« die Vorhänge auf. Abends zieht man die Vorhänge dann wieder gemeinsam zu. Dazwischen gibt es viele andere Situationen, die regelmäßig wiederkehren. Vor dem Essen kommt das Lätzchen, in der Badewanne kommt die gelbe Ente zu Besuch, nach dem Mittagsschlaf kommt die liebe Oma, und es geht nach draußen ...
Je hektischer das Leben, umso wichtiger die Rituale, die wie Pfeiler unumstößlich Halt geben. Natürlich werden sich die Rituale im Laufe der Zeit ändern oder durch neue gänzlich ersetzt werden. Besonders in Krisenzeiten, wie Krankheit oder einer instabilen Familiensituation, sind die Rituale auch für größere Kinder hilfreich und beruhigend.

zum Spaceshuttle, zum Vogel oder zum Feuerwehrauto, das mit entsprechenden Tönen zum Babymund saust.

Teddy-Theater

Was so alles in einem Teddy steckt, beweist das Teddy-Theater. Der kleine Zuschauer liegt auf dem Rücken in seinem Bettchen, wenn der Teddy erscheint. So ein Teddy spricht natürlich auch, langsam und höflich. Er stellt sich vor, verneigt sich vor seinem Ein-Mann-Publikum und beginnt mit seiner Vorstellung. Als Bühne benützt er den Babybauch, auf dem er hüpft und tanzt, vielleicht sogar Purzelbäume purzelt usw. Das Baby beobachtet den Teddy dabei ganz genau und hat seine helle Freude an dem Theater. Die Teddybewegungen werden ganz langsam ausgeführt, damit das Baby dem Theaterstück auch wirklich folgen kann. Am Schluss der Vorstellung verabschiedet sich der Teddy, bleibt noch ein Weilchen auf dem Babybauch liegen und ruht sich aus.

Das tierische Fütterspiel

Essen ist eine Lust, und für einen kleinen Spaß beim Essen sollte immer genügend Zeit sein.
Sobald der Löffel den Babymund erreicht, macht man »Pieeeeps« oder »Muh«, »Mäh«, »Quak« oder was einem sonst noch für tierische Laute einfallen. Das Baby lacht schon, wenn der nächste Löffel auf dem Weg ist und freut sich auf ein neues Geräusch.

Überraschungsbänder

Wie schafft man es, dass das Baby in seinem Hochstuhl so lange brav sitzen bleibt, bis alle Familienmitglieder mit dem Essen fertig sind? Man zaubert ihm Überraschungsbänder an sein Hochstuhltischchen! Mehrere kleine Gegenstände, z. B. eine Stoffmaus, ein Schnuller, eine leichte Rassel, werden jeweils an ein buntes Bändchen geschnürt. Das andere Ende jedes Bändchens wird mit Paketband auf dem Hochstuhltisch festgeklebt. Die Überraschungsdinge baumeln also, vom Baby nicht sichtbar, unter seinem kleinen Tisch.
Das Baby zieht am roten Band und »Überraschung!«, da klettert die liebe Stoffmaus auf den Babytisch. Gleich mal probieren, was am blauen Bändchen baumelt!

Zwei neue Babys

»Neugeborene« große Schwestern oder Brüder brauchen dringend eine Babypuppe, mit der sie dann all das machen können, was die Mama oder der Papa mit dem Baby anstellen. Zeigen Sie dem großen Geschwisterchen Fotos aus der Zeit, als es so ein kleines Baby war. Vielleicht gibt es ja auch Ultraschallfotos, die Geburtsanzeige, oder eine Kassette mit den ersten Babyschreien zu bestaunen?

Quasselmama

Während die Mama oder der Papa durchs Haus saust, hier die Waschmaschine füllt, dort das Essen umrührt und alle die anderen kleinen Dinge erledigt, »unterhält« sich der Erwachsene meistens in Gedanken mit sich selbst. Wer ein Baby als Zuhörer hat, sollte genau diese Gedanken stets laut von sich geben. Natürlich versteht das Baby nicht, was da geredet wird, aber es hört die vertraute Stimme, hört die Sprechmelodie und nimmt die vielen verschiedenen Laute wahr. All das gibt ihm nicht nur das Gefühl der Sicherheit, »Mama ist zwar beschäftigt, aber sie ist da«, sondern es fördert auch ganz besonders die eigene Sprachentwicklung und das Raumgefühl.

Die Ahnengalerie

Kinder lieben Bilder von den Personen, die sie schon kennen. Eine »Ahnengalerie« im Babyzimmer ist immer ein toller Anblick, und sie gibt endlose Spielmöglichkeiten. »Wo ist die Oma?« »Wo ist der Papa?« Das Kind deutet mit dem Finger auf das entsprechende Bild. Klar, dass die Bilder von Zeit zu Zeit umgehängt und mit weiteren oder neueren ergänzt werden.

Mehr als nur ein Wort

Der eigene Vorname ist das wichtigste Wort im Leben eines Menschen. Benutzen Sie den Namen des Kindes immer wieder. Sagen Sie den Namen in verschiedenen Tonlagen und in verschiedener Lautstärke. Wenn das Kind auch noch so süß ist und jeder Verwandte einen neuen Kosenamen erfindet, bleiben Sie dabei, das Kind bei seinem richtigen Namen zu nennen. Das Kind erkennt seinen Namen lange bevor es in der Lage ist, darauf bewusst zu reagieren, und macht dabei den ersten Schritt, sich selbst als eigenständige Person zu erkennen.

Candlelight-Dinner

Keine Lust, zusammen mit der ganzen Familie zu essen? Eine Kerze auf dem Tisch gibt dem Ereignis etwas Zauberhaftes. Das Baby hat Spaß an dem flackernden Licht und wird ganz andächtig. Das klappt übrigens auch bei älteren Kindern und nicht nur zur Weihnachtszeit.

Das Sortierspiel

Eine der ersten Fähigkeiten, die ein Baby besitzt, besteht darin, Dinge zu vergleichen und zu erkennen, was gleich und was ungleich ist. Babys und Kleinkinder sortieren für ihr Leben gern, und oftmals entdecken sie das »Sortierspiel« von selbst.

Beim Frühstück füllt man dem Baby zwei verschiedene Sorten Cornflakes in eine Schale und stellt zwei Schälchen daneben. Dann beginnt der Erwachsene mit dem Sortieren, und es dauert nicht lange, da macht das Baby mit.

Neben der Fähigkeit, Dinge nach Form, Farbe und Größe zu sortieren, wird dabei auch die Feinmotorik des Babys trainiert.

Blödes Baby

Viele Kinder reagieren auf ein neues Baby mit Aggression. Anstatt das aggressive Verhalten zu beachten, wird das Kind für jedes zärtliche oder sorgende Verhalten um das neue Baby gelobt. Erzählen Sie dem Baby laut beim Wickeln, welches Glück es hat, so eine liebe große Schwester oder so einen tollen großen Bruder zu haben.

Gedächtnis in Schachteln

Material:

1 Pappschachtel mit Deckel
1 spitze Schere
verschiedene Krimskrams-Utensilien

Vorbereitung:

In den Deckel der Schachtel verschieden große und verschieden geformte Öffnungen schneiden und eine Menge verschieden geformte Dinge bereitlegen, z. B. Bauklötze, Stifte, Deckel von Schraubgläsern, Würfel, Spielfiguren ...

Und so wird gespielt: Das Baby nimmt jeden Gegenstand in die Hand und probiert aus, durch welche Öffnung er sich in den Karton stecken lässt. Dieses Spiel schult die Feinmotorik, das Gefühl für Formen und Farben. Es fördert die Konzentration und das Gedächtnis und macht außerdem großen Spaß!

Der Zeitungsturm

Jeweils ein Bogen Zeitungspapier wird zu einer festen Kugel geformt. Ein paar Bälle legt man im Kreis nebeneinander auf den Boden, und die anderen Bälle werden vom Baby zu einem Zeitungsturm darauf gestapelt. Natürlich ist es auch hier wie bei allen anderen Türmen aus Bauklötzen, Plastikbechern oder Spielkarten: Den größten Spaß macht das Umschubsen des Turmes!

Eifersucht

»Hört doch endlich auf mit dieser blöden Babyuerei!« Ist ja auch kaum mehr mit anzuschauen, wie die Erwachsenen da um so ein rosa Bündel herumtanzen! Um die Eifersucht nicht noch zu vergrößern, ist es wichtig, in der ersten Eingewöhnungszeit viele Aktivitäten nur mit dem großen Kind zu unternehmen. Vielleicht können auch die Großeltern, Tanten, Freunde und Nachbarn um Mithilfe gebeten werden.

Schepper, Schlag, Klimper

Babys sind stolz, wenn sie feststellen, dass dieses wundervolle Schepper-Schlag-Klimper-Geräusch, das da zu hören ist, von ihnen selbst produziert wird. Zu diesem Vergnügen sitzt das Baby am besten in seinem Hochstuhl, ausgestattet mit einem Holzkochlöffel in der einen Hand und einem Schneebesen in der anderen. Zusätzlich stehen noch ein paar Gegenstände in Babys Reichweite, die heftigen Schlägen nicht abgeneigt sind, z. B. eine leere Kaffeedose, ein leerer Karton und ein kleiner Topf. Alles Weitere erledigt das Baby selbst.

Die Gutenachtgeschichte

Nein, das Baby ist nicht zu klein für eine Gutenachtgeschichte! Allein die Stimme der Eltern, die ungeteilte Zuwendung und die gemeinsam erlebte Zeit am Abend wirken sich entspannend und beruhigend auf das Baby aus. Unterschätzen Sie den Verstand des Babys nicht! Es versteht weit mehr, als es wiederzugeben in der Lage ist!

Selber erfundene Geschichten sind meistens viel besser als vorgelesene, weil sie eben exakt zu dem eigenen Kind passen. Nur die engsten Bezugspersonen kennen die Wörter, die das Kind versteht, sie wissen, welche Vorlieben es hat und wie emotionell belastbar das Kind gerade ist. Mit ein paar Grundideen lässt sich das Geschichtenerzählen noch erleichtern:

- Beginnen Sie jede Geschichte – wohin sie auch führen mag – mit den gleichen Einleitungssätzen: »Es war einmal eine wunderschöne grüne Wiese, mit vielen bunten Blumen ...«
- Geben Sie den Personen Namen, die das Kind kennt, oder erfinden Sie lustige Fantasienamen. Natürlich darf da auch ein kleiner Bub vorkommen, der genauso heißt wie derjenige, der gerade auf Ihrem Schoß sitzt ...

Zeit für zwei

In jeder Familie sollte es viele Aktivitäten geben, die mit allen Familienmitgliedern gemeinsam durchgeführt werden. Doch auch die Zeiten zu zweit – ein Kind mit einem Elternteil – dürfen nicht zu kurz kommen. Eine Zeit, in der die »Mami« oder der »Papi« nur mir ganz allein gehört, ist wichtig für das gegenseitige Verständnis und die Beziehung an sich. Ein sehr beschäftigter Elternteil könnte vielleicht die »Zu-Bett-Geh-Zeremonie« übernehmen, eine Geschichte erzählen, den Kuscheltieren (einzeln!) »Gute Nacht« sagen, vom eigenen Tagesablauf erzählen, kuscheln, schmusen, beten oder singen.

- Vereinfachen Sie Ihre Gedanken, so dass die Struktur der Geschichte von vorne bis hinten für Sie eindeutig ist, z. B.: Einer ist einsam, dann kommt einer hinzu, beide werden Freunde, der erste ist nicht mehr einsam.
- Erzählen Sie viele kleine Details, z. B. von der Farbe und vom Geruch des Zaubertranks ...

Konservierte Einschlafgeschichten

Wer beim Vorlesen oder Erzählen der Einschlafgeschichten einfach einen Kassettenrekorder mitlaufen lässt und die Geschichte auf diese Weise »konserviert«, hat für Notfälle vorgesorgt.

- Sollten sich die Geschichten nicht mehr auf einen logischen Schluss hinbewegen, sind Sie mit einem »Hokus-Pokus«-Zauberspruch fein raus!

Hörspiel für Lauscher

Es braucht ein bisschen Zeit, um von einem aktiven, lustigen Baby zu einem friedlichen, ruhigen Träumer zu werden. Dieses kleine Spielchen ist gerade für die »Schleusenzeit« zwischen Tag und Traum gut geeignet.
Ein laut tickender Wecker oder ein sehr leise eingestelltes Radio wird im Zimmer versteckt. Das Baby lauscht ganz gebannt in die Dunkelheit. Wo tickt's denn da? Toll, wer das Versteck erlauschen und in diese Richtung zeigen kann! Wer nicht gleich drauf kommt, dem wird mit kleinen Tipps zur Seite gestanden.

Decken-Tunnel

Das Kind krabbelt unter seine Bettdecke und kommt am anderen Ende wieder heraus. Dafür braucht es schon einiges an Mut, da es ja unter der Decke dunkel ist. Beim ersten Mal sollte der Erwachsene ein Ende der Bettdecke ein wenig anheben, so dass das Kind »ins Licht« krabbelt und sich nicht fürchtet. Ganz mutige Tunnelkrabbler dürfen dann auch im Elternbett durch den besonders langen Decken-Tunnel krabbeln.

Variante: Einen großen Karton von Deckel- und Bodenlaschen befreien und als Tunnel auf den Boden legen.

Das Einschlafkissen

Eine Spieluhr zwischen zwei kleine Kissen legen und das ganze Paket so in einen Überzug stopfen, dass die Aufziehschnur der Spieluhr noch zu fassen ist. So kann das Baby seinen Kopf auf dieses »musikalische« Kissen legen und der gedämpften Spieluhrmusik lauschen.

Das Traumpäckchen

Fest eingemummelt zu werden, gibt Babys Sicherheit. Manchmal wirkt es Wunder, wenn man ein Kind rundherum fest ins Bett packt, die Bettzipfel unter den kleinen Körper stopft und sogar noch mit einem Polster den Kinderkopf von oben einrahmt.

Der Sternenhimmel

Wer ein letztes, seliges Babylächeln für diesen Tag zaubern möchte, knipst alle Lichter aus, hält das Baby im Arm und betrachtet mit ihm die Leuchtsterne an der Zimmerdecke und an der Wand neben dem Babybett.
Leuchtsterne gibt es in Kaufhäusern und Schreibwarengeschäften. Nicht vergessen: Die großen Kinder brauchen auch Leuchtsterne oder Leuchtgespenster in ihren Zimmern!

Der Notfall – Teddy

Dummerweise den Einschlafteddy vergessen, und jetzt dauert der Besuch bei Tante Berta doch länger als vorgesehen? Zur Not hilft es auch mal, wenn die Mama einen winzig kleinen Teddy auf die Fingerkuppe oder in die Handfläche des Babys malt.

Einschlaf-Kollegen

Bevor sich das Baby selbst zur Ruhe begibt, muss es natürlich noch all seinen Freunden »Gute Nacht« sagen. Also: »Gute Nacht, Teddy«, »Gute Nacht, Affe!« usw. Jedes Tierchen wird geküsst und gut zugedeckt. Sind alle versorgt, legt sich nun das Baby ins Bett, wird zugedeckt und geküsst. »Gute Nacht, kleine Maus!«

Margarita Klein

Schmetterling und Katzenpfoten

Sanfte Massagen für Babys und Kinder

ISBN 978-3-931902-38-4

Wolfgang Hering

Kunterbunte Fingerspiele

Fantastisch viele Spielverse und Bewegungslieder für Finger und Hände

ISBN (Buch) 978-3-936286-98-4
ISBN (CD) 978-3-936286-99-1

Constanze Grüger, Susanne Weyhe

Turnhits für Krabbelkids

Bewegungsförderung für die Kleinsten mit 52 Wochenturnstunden und Liedern durch das Jahr

ISBN (Buch) 978-3-86702-066-4
ISBN (CD) 978-3-86702-067-1

Bettina Ried

Eltern turnen mit den Kleinsten

Anleitungen und Anregungen zur Bewegungsförderung von Kindern von 1-4 Jahren

ISBN 978-3-925169-89-2

Leonore Geißelbrecht-Taferner

Die Garten-Detektive

Mit vielfältigen Experimenten, Spielen, Bastelaktionen, Geschichten und Rezepten den blühenden Frühjahrsboten auf der Spur

ISBN 978-3-936286-58-8

sLeonore Geißelbrecht-Taferner

Die Gemüse-Detektive

Bohne & Co. Auf der Spur – mit vielfältigen Experimenten, Spielen, Bastelaktionen, Geschichten und Rezepten durch das Jahr

ISBN 978-3-86702-015-2

Jakobine Wierz

Vom Kritzel-Kratzel zur Farbexplosion

Kindliche Mal- und Gestaltungsfreude verstehen und fördern - mit zahlreichen praktischen Anregungen von 2 bis 10 Jahren

ISBN 978-3-936286-42-7

Gisela Mühlenberg

Kritzeln, Schnipseln, Klecksen

Erste Erfahrungen mit Farbe, Schere und Papier und lustige Ideen zum Basteln mit Kindern ab 2 Jahren

ISBN 978-3-925169-96-0

Spiele in Gruppen, Lernspiele · Bewegungsspiele, Brettspiele, Kooperative Spiele

Der Fachverlag für gruppen- und spielpädagogische Materialien

Ökotopia Verlag und Versand

Fordern Sie unser kostenloses Programm an:

Ökotopia Verlag
Hafenweg 26a · D-48155 Münster
Tel.: (02 51) 48 19 80 · Fax: 4 81 98 29
E-Mail: info@oekotopia-verlag.de

Besuchen Sie unsere Homepage! Genießen Sie dort unsere Hörproben!

http://www.oekotopia-verlag.de
www.weltmusik-fuer-kinder.de
www.wir-verstehen-uns-gut.de